IT CEO가 말하는 4차 산업혁명의 현재와 미래

삐딱하게 바라본
4차 산업혁명

IT와 빅데이터

김동철 저

YoungJin.com Y.
영진닷컴

IT CEO가 말하는 4차 산업혁명의 현재와 미래

삐딱하게 바라본
4차 산업혁명

IT와 빅데이터

ISBN 978-89-314-5976-0

독자님의 의견을 받습니다.

이 책을 구입한 독자님은 영진닷컴의 가장 중요한 비평가이자 조언가입니다. 저희 책의 장점과 문제점이 무엇인지, 어떤 책이 출판 되기를 바라는지, 책을 더욱 알차게 꾸밀 수 있는 아이디어가 있으면 팩스나 이메일, 또는 우편으로 연락주시기 바랍니다. 의견을 주실 때에는 책 제목 및 독자님의 성함과 연락처(전화번호나 이메일)를 꼭 남겨 주시기 바랍니다. 독자님의 의견에 대해 바로 답변을 드리고, 또 독자님의 의견을 다음 책에 충분히 반영하도록 늘 노력하겠습니다.

주 소 : (우)08505 서울시 금천구 가산디지털2로 123 월드메르디앙벤처센터2차 10층 1016호

대표팩스 : (02)867-2207

등 록 : 2007. 4. 27. 제16-4189호

이메일 : support@youngjin.com

STAFF

저자 김동철 | **총괄** 김태경 | **진행** 엄정미 | **디자인** 임정원 | **편집** 강창효, 진정희 | **영업** 박준용, 임용수

마케팅 이승희, 김다혜, 김근주, 조민영 | **제작** 황장협 | **인쇄** SJ P&B

INTRODUCTION 들어가면서

김동철
티맥스소프트 대표이사, 공학박사

첫 번째 책 〈BIG Data BLOG(2015년 1쇄, 2016년 2쇄)〉을 내고 4년이 흘렀다. 그 사이에 몸담고 있는 회사도 바뀌었다. 세상은 아직도 빅데이터에 대한 이해도나 응용력이 떨어지지만 다른 한편으로는 인공지능이 세상을 이끄는 화두가 되어가고 있다. 인공지능이 여러 가지 모습으로 사람들의 주변에 나타나고 있는 지금, IT와 빅데이터는 인공지능의 중요한 인프라로 세상의 저변에 똬리를 틀고 있다. 기술적으로는 이러한 내용을 모두 다 이해하기는 쉽지 않다. 상당한 학문적 또는 기술적인 내용을 접해야 하기 때문이다. 빅데이터는 대부분의 사람이 골치 아파하는 통계를 접해야 하고, 인공지능은 한눈에 알아보기 힘든 딥러닝의 알고리즘을 자유자재로 구사해야 한다. 클라우드로 정점을 찍고 있는 IT는 제조사나 서비스 업체나 사용자 모두가 과거의 틀에서 벗어나야 하므로 이 책에서도 감당할 수 없는 깊이의 내용은 다루지 못하였다. 괜히 이야기 꺼냈다가 트집 잡히면 망신살 당하기 십상이다.

개인적인 변화의 외중에 또 한 권의 책이 모습을 드러내고 있다. 물론 책을 쓰는 방식은 지난번과 같은 틀을 유지하고 있다. 지속적인 기고 활동을 통해 원고를 확보하고 일정 분량이 채워지면 책으로 출간하는 프로세스이다. 전문적이지 않은 저자가 시종일관 책의 주제를 잃지 않으려고 애쓰는 모양새이지만 바쁜 업무의 일과 중에 생각의 끈을 놓지 않으려고 발버둥 친 것쯤으로 이해해주면 좋겠다. 첫번째 책을 탈고한 후에 이제 다시는 책을 쓰지 않겠다는 푸념에 대학 은사님께서 해주신 말씀이 기억난다. 이제 다 비워냈으니 앞으로 다시 채워질 것이고, 한번 써봤으니 기회만 된다면 다시 쓰게 될 것이라고. 역시 책을 많이 써본 고수의 말씀에 지금 다시 한번 고개를 숙이게 된다. 어쩌다 한 권 쓴 거 아니냐는 비아냥거림에 대한 속 좁은 반발일지도 모르겠다.

세 번째 회사에서 쓰는 두 번째 책이라고 메타 제목을 붙여도 좋겠다. 여기서는 첫 번째 책에서 다루지 못했던 좀 더 하고 싶었던 빅데이터에 대한 이야기들을 절반 정도 풀어보았다. 엉뚱하지만 잘 생각해보면 어려운 문제가 풀리는 해법이 빅데이터의 여정에 있을 수 있다. 빅데이터는 어쩌다 그러한 것을 만나는 우연을 기대하기보다는 이제는 알 만큼 아는 처지에서 우연도 필연처럼 만들 수 있지 않을까 하는 근거 있는 기대감이라고 생각한다. 나머지 절반은 최근의 급변하는 IT 추세를 사용자의 관점에서 여러 가지 각도로 조명해 보았다. 제아무리 얼리어댑터라도 요즘처럼 빠르게 변하는 IT는 따라잡기 쉽지 않다.

사회 전반적으로 벌어지는 변화의 양과 속도가 일반인들이 공부해서 따라잡는 속도를 추월해 버렸다. 그래서 이 책을 통해 이야기하고자 하는 것은 기술적인 내용을 신문 보듯이 가볍게 다루어보자는 것이다.

티맥스소프트에 합류하면서 그간의 경력들이 모두 총망라해서 정리되는 확실한 느낌이 들고 있다. 한국IBM에서의 경력은 한국과 글로벌의 IT에 대한 이해에 관한 것이고, 두 번째 회사인 데이터솔루션에서는 빅데이터의 전반적인 부분과 전문적인 부분에 전공인 통계를 접목하는 계기가 되었다. 티맥스소프트에서는 운영체제, 미들웨어, 데이터베이스, 클라우드 등의 시스템 소프트웨어를 직접 개발하고 영업하는 부분에 있어서 시장에 대한 직접적인 이해도를 넓히고 있다. 빅데이터나 인공지능이 방대한 부분이기는 하지만 시스템 차원에서는 가져다 쓰는 서비스라고 부르면 사용자 측면에서는 가볍게 취급도 가능하다. 티맥스소프트가 추구하는 IT의 인프라와 솔루션은 시작부터 아마존, 구글, 마이크로소프트, IBM 등의 글로벌 경쟁자들과의 직접적인 한판 대결을 제안하고 있다. 상당한 지각변동이 예견되는데 자세히 들여다보면 이미 답이 보이는 듯도 하다.

빅데이터 부분은 스스로 작성한 부분이지만 IT에 관한 내용은 상당부분 티맥스소프트 박대연 회장님의 깊이 있는 강연에서 시작되었다. 컨설팅팀의 전문적인 자문과 토론으로 살을 입히고 삽화가 구성되었다.

전 직원들에게 바쁜 연구 시간을 할애해서 수준에 맞는 강의를 들려주시는 회장님과 전문적인 조언을 해준 컨설팅 팀원들께 다시 한번 감사의 인사를 드린다. 이 책이 어려운 주제를 다루면서 허탈할 정도로 쉬운 내용으로 구성된 계기는 대학생들과 진로 상담을 하면서이다. 대학 졸업생들의 평생소원인 버킷리스트에 '저자 되어보기'가 있지만 실제로 달성하는 사람이 거의 없다는 점을 발견하고서다. 이 책이 하면 된다는 용기를 주는 계기가 되었으면 좋겠다. 평소에 하는 일들을 10년 지속하면 박사 수준에 이르고, 그동안 경험한 내용을 책이 가지는 틀에 맞게 적어 내려가기만 하면 책이 된다는 간단한 사실이다.

4차 산업혁명의 소용돌이 속 경쟁에서 살아남아야 하고, 일자리 창출도 해야 한다. 해외의 좋은 것을 가져다가 우리 것으로 만드는 제조 시대는 한계를 드러내고 있다. 값싼 추격자를 뿌리치지 못하는 선진국의 사례를 답습하는 모습들도 만연해 있다. 외국 첨단기술의 도입은 사용자의 일자리를 빠른 속도로 감소시킬 따름이다. 원천기술의 확보와 창의적인 생각이 합쳐져서, 세계적인 표준을 선도함과 동시에 지적재산권의 확보로 부의 흐름을 바꾸어야 한다. 그러기 위해서 선진 글로벌 업체와 경쟁할 수 있는 우리만의 독보적인 기술력 확보가 시급하다. 그러한 기술력 확보는 일자리 창출 기여도가 매우 클 것이다. 일단 경쟁력을 확보한 후에는 사용자의 일자리를 흡수하는 효과를 가져올 것이라 확신한다. 이러한 생각의 고리 속에서 나의 자그마한 생각과 글자들이 조금이라도 기여하길 바라며 감히 세상에 인사하는 바이다.

RECOMMEND 추천사❶

● ● ● **신상훈** 성균관대학교 초빙교수, (전)신한은행장

　대학에서 강의를 할 때는 적절한 사례가 필요하고, 금융기관을 경영할 때는 의사결정을 하기 위한 데이터가 필요하다. 모든 일이 반복적인 것처럼 보이기는 하나 사실 완전히 똑같은 상황이란 있을 수 없다. 과거에도 그랬고 미래에도 그럴 것인데, 매번 새로운 상황을 맞이하고 다른 결정을 해야 한다. 저자는 친근한 주제들을 첨단 기술을 이용하여 새롭게 해석하려고 시도한다. 통계학 교과서의 이론으로 현재의 특이 사건을 이해하고, 빅데이터를 이용하여 기업의 재무제표를 건전하게 하는 방법을 마련하며, 아마존 같은 글로벌 기업의 전략을 통해 우리나라 IT의 문제점과 미래를 전망해 보려는 끊임없는 시도들이 그러한 사례이다. 실제로 언론매체 기고에 실린 글들의 원본이니 기고 읽는 느낌으로 가볍게 접해도 될 듯하다.

RECOMMEND 추천사❷

● ● ● **조현정** 한국SW협회회장

대한민국의 SW산업을 활성화하고 글로벌한 경쟁력을 가지기 위해 30여년을 노력해 왔다. 산업 현장에서 필요한 인재들은 학교에서 길러졌다기보다는 산업 현장에서의 경험으로부터 길러진 부분이 많다. 고등학교에서 문과와 이과를 가르는 기준으로 대학에서 학과와 미래 진로를 결정하게 되는 것은 다시 생각해봐야 할 문제라는 저자의 이슈 제기에 동감한다. 좋은 SW를 만드는 과정에는 문과적인 소양과 이과적인 분석력이 동시에 필요한 통섭형 인재가 절실하다. 또한 중국의 금융이 한국을 한참 앞서가는 현실을 지적한 내용은 우리를 참으로 안타깝게 한다. 한국을 모방하던 중국을 오히려 한국이 분석하고 따라가야 할 대상이 되어 버린 것이다. 대국굴기를 이끄는 힘은 SW에 바탕을 둔 과감한 개혁이다. 타산지석으로 삼을 수 있는 사례들과 거기에 사용된 첨단 기술들에 대한 이해가 적절히 기술되어 있는 책이다.

RECOMMEND 추천사 ❸

● ● ● **김광용** 숭실대학교 경영학과 교수, 통계학 박사

　학생들을 가르쳐서 사회로 내보내는 일을 하다 보니 기업의 입장에 대한 어려운 이야기를 많이 들어왔다. 중소기업의 딜레마에 대한 이야기는 개인적으로 즉각적인 공감대가 형성되는 대목이다. 학생을 배출하는 대학이나, 딜레마에 빠진 중소기업이나, 경력직들을 빼가는 대기업이나 서로 꺼내 놓고 이야기하기 껄끄러운 주제이다. 정부의 규제도 불가하니 사회적인 빅데이터를 이용하여 이직하는 청춘들에 대한 최소한의 윤리를 요구하는 시스템이 나올 법도 하다. 아카데미에 속한 교수로서 집단지성에 대한 이야기는 솔깃한 주제가 아닐 수 없다. 대학도 변하고 있으며, 교수도 변한다. 따라서 교육 인더스트리가 변하고 있다고 봐야 한다. 자발적인 집단지성의 힘은 실로 막강하며 그러한 집단지성 내에서도 생존경쟁을 해야 하는 청춘들에게 문제의식을 제공하고 응원을 보내는 저자의 사회의식을 들여다 볼 수 있었다. 사회에 나가는 초임자들은 저자에게 커리어 멘토를 청해도 좋겠다.

RECOMMEND

• • • **유시완** 하나금융티아이 대표

은행에서 IT 담당 임원으로 10년 이상의 시간을 보내면서 가장 기억에 남는 일은 차세대와 같은 대규모 프로젝트이다. 차세대 프로젝트를 통해 한국의 금융 IT가 한 단계 도약하는 계기가 되긴 하였지만 그러한 과정에서 기업 및 구성원이 감내해야 했던 위험은 우리가 상상하는 것 이상이었다.

저자는 차세대와 빅뱅의 종점이라는 부분에서 IT의 기술적 발전 방향에 따른 최선의 결론을 그려보려고 시도하였다. 클라우드의 확산, 비대면 영업의 고도화, 범용 장비의 도입 등은 이미 현실로 다가온 상태이다. 또한 향후의 차세대는 기존과 다를 것이라고 내다봤다. 클라우드를 통해 서버 자원을 효율적으로 사용하고, 장애 관리도 더욱 효율화될 것이라는 것이다. 그에 따른 필요한 소프트웨어들도 과감하게 줄어드는 실로 엄청난 IT 구성의 변화를 겪을 것으로 전망했다. 이외에도 4차 산업혁명, 클라우드 컴퓨팅, 오픈소스, 빅데이터 등 다양한 주제에 대해 통찰과 직관을 제공하고 있다. IT 생태계에 몸담고 있는 종사자에게 많은 시사점을 제공하고 상상력을 자극하는 단초가 되길 기대해 본다.

CONTENTS 이 책의 차례

Part 1. 삐딱하게 바라본 4차 산업혁명 : IT

Part 2. 삐딱하게 바라본 4차 산업혁명 : 빅데이터

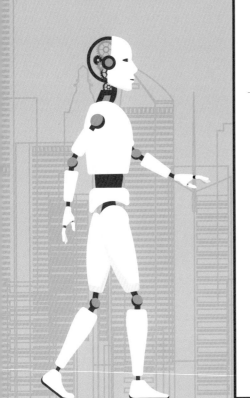

삐딱하게 바라본
4차 산업혁명 :
IT

IT의
현주소

ARTIFICIAL INTELLIGENCE

삐딱하게 바라본 4차 산업혁명 : IT
IT의 현주소

산업의 발달을 단계별로 분류하듯이 IT도 바라보는 측면에 따라서 발전 단계를 거치고 있다. 아키텍처 측면의 발달과정을 본다면 [그림 1-1]과 같다. 1-티어(Tier) 아키텍처는 하나의 서버에 프로그램, 데이터 그리고 사용자 화면의 내용들이 모두 들어 있다. 글로벌 IT 업체의 대형 컴퓨터를 사용하던 시절의 모습이다. 당시는 인터넷이 확산되기 이전이고 따라서 네트워크도 필요하지 않았다. 사용자는 아무런 기능이 없는 녹색 화면의 단말기 앞에 앉아서 일을 봐야 했다. 당시의 저장장치는 1GB에 1억을 호가하였으니 지금으로 보면 부르는 게 값이었던 시절이었다. 프로그램 언어도 Assembly[1], ALGOL, COBOL, Fortran, Pascal, PL/I 등으로 지금은 거의 쓰이고 있지 않은 생소한 언어였다. 따라서 업무 확장 시 제조사의 엄청난 가격에 대안없이 노출되어, 그 대안으로 대두된 것이 데이터를 별도의 DB 서버로 분리하는 2-티어 아키텍처다.

---

1) 1977년 발사되어 1980년 이후로 가동을 멈춘 무인 탐사선 '보이저 1호'의 백업 엔진을 복구했는데 당시에 사용된 컴퓨터 프로그래밍 언어가 Assembly였다고 한다.

[그림 1-1] 아키텍처 측면에서 IT 발전 단계

　　2-티어 아키텍처 시기에는 클라이언트/서버의 트렌드를 타고 서버는 유닉스(UNIX) 플랫폼이, 클라이언트는 윈도우를 기반으로 하고 네트워크로 연결되는 IT의 구성이 주류를 이루었다. DB도 관계형 DB들이 주류를 이루기 시작했으며, 과거 메인프레임[2]에서만 사용되던 고가의 기능이 저렴하게 시장에서 유통되고 표준화되기 시작하였다. 오라클, 사이베이스, 인포믹스, DB2 등의 관계형 DB들이 시장에서 각축을 벌였다. 후에 사이베이스는 ERP 회사인 SAP에 인수되고, 인포믹스는 IBM에 인수되어 결과적으로 오라클이 관계형 DB 시장의 강자로 군림하는 계기가 되었다. 탈메인프레임으로 인한 비용의 절감은 성공했지만 역시 분산 애플리케이션의 관리 어려움, 서버의 병목현상 문제, 프로그램 재활용의 어려움 등의 새로운

2] 메인프레임 또는 대형 컴퓨터는 통계 데이터나 금융 관련 전산업무, 전사적 자원 관리와 같이 복잡한 작업을 처리하는 컴퓨터이다. (출처: 위키백과)

차원의 문제에 봉착했다. 이 시기에는 C, C++, 자바, 비주얼 베이직 등의 프로그래밍 언어들과 케이스 툴(CASE Tool)[3]이 등장해서 생산성을 높이고자 하는 노력이 보이던 시절이었다.

최근에는 사용자 화면과 프로그램 로직 그리고 DB를 모두 분리해서 사용자 화면과 프로그램 로직의 재활용성을 높인 3-티어 아키텍처가 주로 구현되어 있다. 사용자는 웹 브라우저상의 화면을 통해 웹서버/웹애플리케이션서버에 접근하고, 해당 프로그램 로직은 SQL로 DB를 접속하는 구조라고 보면 된다. 프로그램 언어로는 아직도 C/C++이 사용되고 있지만 자바가 주류를 이루고 있으며, 개발과 유지의 효율성을 높이기 위해 개발플랫폼들이 개발되어 필수적으로 쓰이게 되었다. 이 시기에는 인터넷을 기반으로 한 고도의 네트워크가 사용되고 있다. 따라서 각종 보안의 문제, 업무 노드들의 폭발적 확장으로 복잡성 증대, 시스템의 다양성 확대로 인한 관리의 어려움 등이 문제로 대두되었다. 또한 시스템의 개발과 운영관리의 표준화도 어렵게 되었다.

글로벌 IT 업체들은 이러한 사용자들의 고민을 해결하는 솔루션을 찾기 시작했는데, 바로 IT 서비스의 출현이었다. 전문가들을 대거 고용하여 운영을 대신해 주는 시스템 관리(System Management) 분야로부터 시작해서, 저렴한 땅에 대규모의 데이터센터를 지어 고객의 서

---

3) 소프트웨어 개발과정의 일부 또는 전체를 자동화하여 소프트웨어의 품질을 향상하고, 개발기간을 단축하며, 유지보수에 필요한 노력과 비용을 절감하기 위한 소프트웨어 도구이다. (출처: 두산백과)

버를 유치하고 관리해주는 콜로케이션 서비스(Colocation Service), 고객의 전산실을 통째로 구매해서 서비스해주는 전략적 아웃소싱 등의 계약적 서비스 제공이 혼재해서 존재하고 있다. 그러나 이러한 내용들은 모양만 조금 다르게 해서 장기적인 비용 측면만을 해결하고자 한 것이므로 근본적인 기술적인 해결책을 제시하지는 못하였다([그림 1-2]).

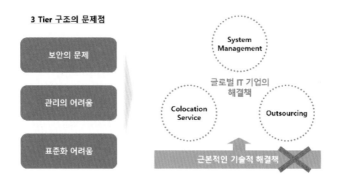

[그림 1-2] 3-티어 아키텍처의 문제와 글로벌 IT 기업의 해결책

　이와 동시에 전통적인 IT의 변화가 일어나기 시작하였고 그 속도는 과거의 속도와 비교하기 어려웠다. 스마트폰의 보급과 모바일로의 확산은 IT가 개인의 손안으로 파고들게 되었으며, 시간과 장소의 제약을 일시에 제거하였다. 페이스북, 카카오톡, 텐센트 등은 전세계 사람을 소통의 세계로 인도하였으며, 아마존과 알리바바는 e커머스와 퍼블릭 클라우드의 강자로 대중들의 생활 패턴을 바꾸어 놓고 있다. 또한 삼성, 애플과 구글은 위성 네트워크를 비롯한 모바

일 분야의 새로운 지도를 그리고 있다. 이러한 기류 속에서 인공지능과 함께 빅데이터, 모바일, IoT, 클라우드 등이 한데 묶여 4차 산업혁명을 이끌고 있는 것이다[그림 1-3].

[그림 1-3] 빠르게 변화하는 IT 산업과 4차 산업혁명

현실에서 1차 산업과 4차 산업혁명이 만나는 극단적인 현장을 보자면, 역설적으로 농업의 현장으로 가봐야 한다. 밭 갈고, 물 대고, 비료 주는 식의 농업으로는 FTA와 같은 글로벌 경쟁에서 살아남기 어렵다. 계절에 상관없이 최고의 수확 효율을 올릴 수 있는 스마트 팜(Smart Farm)이 좋은 사례이다. 잘 설계된 농장용 하우스에 각종 센서와 자동화 장비를 설치하고 원격에서 관리, 운영, 판매하는 방식이 그것이다. 정부와 협동조합에서는 작물에 따른 최적의 재배 환경 레시피를 클라우드를 통해 제공하고, 각종 포털사이트나 e커머스에서는 예측 가능한 시점에 최적의 가격으로 판매처를 연결해주는 것이다. 이쯤 되면 농민이라는 호칭도 농산 비즈니스맨 정도는 돼야 할

것이다. 또한 대졸 이상의 고학력자들이 이러한 분야의 전문가로 진로를 택하는 경우도 많이 생길 수 있다고 본다.

미래를 예견하는 일은 소설을 쓰는 바와 같아서 황당할 수 있겠으나, 앞으로의 변화를 주도하는 것 역시 근간을 흔드는 사건이 필요할 것이다. 컴퓨터의 등장, 인터넷의 등장, 모바일의 등장과 확산, 빅데이터와 AI의 대두가 IT 현대화를 이끄는 화두였다면 이제는 지금까지의 모든 것을 한 번에 바꾸는 새로운 패러다임의 등장이 있을 수도 있으며, 그것은 인류 전반에 걸친 대변혁을 가져올 수도 있다. 모든 객체가 더욱더 빠른 속도록 연결되고 스마트해지는 것은 당연한 추세이다. **날아다니는 자동차의 출현은 새로운 문제를 낳겠지만 기존 교통 문제의 대부분을 해소한다.** 양자컴퓨팅[4], 고도화된 인공지능, 생체와 결합한 IT와 같은 미래의 기술들에 대한 이야기들이 현실화된 세상은 지금과는 너무나도 다를 것이므로 현재의 기준으로 본다면 미래는 얼리어댑터들의 천국일 것으로 생각한다.

---

4) 양자컴퓨팅은 얽힘(entanglement)이나 중첩(superposition) 같은 양자역학적인 현상을 이용하여 자료를 처리하는 계산 기계이다. (출처: 위키백과)

CHAPTER
002

오픈소스의
딜레마

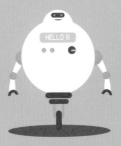

ARTIFICIAL INTELLIGENCE

삐딱하게 바라본 4차 산업혁명 : IT
오픈소스의 딜레마

컴퓨팅 역사의 초창기에 소프트웨어의 개발은 주로 컴퓨터 업체의 당연한 의무 같은 일이었다. 점차로 사용자가 늘어나며 요구사항들이 다양해짐에 따라 대학을 중심으로 공동참여, 오픈교환, 투명성을 기치로 내건 오픈소스 움직임이 시작되었다. 자유 소프트웨어 재단, 아파치 소프트웨어 재단, 모질라, 파이썬, 구글, OSI(Open Source Initiative) 등의 기관들이 관련 단체로 활약하고 있다. 여기에는 소프트웨어만 있는 것이 아니라, 오픈소스 하드웨어도 존재한다. 공개 CPU 아키텍처인 SPARC와 RISC-V가 대표적이다([표 2-1]). 하드웨어는 x86 기반의 범용 컴퓨터로 방향이 잡히고 있다고 볼 수 있으므로 여기서는 소프트웨어에 대해서 개발자와 판매자 그리고 사용자의 관점에서 복잡한 관계를 풀어보고자 한다.

구분	오픈소스 종류
Open Source Hardware	SPARC (공개 CPU 아키텍처), RISC-V (공개 CPU 아키텍처), Raspberry Pi(싱글보드), Beagle Board (초소형 컴퓨터 마더 보드) 등
Open Source Software	자유 소프트웨어 재단, 아파치 소프트웨어 재단, 모질라, 파이썬, 레드햇, OSI(Open Source Initiative) 등

[표 2-1] **오픈소스 HW와 SW의 종류**

대학은 학문의 요람이고 도전 의식이 풍부한 작은 사회이다. 이곳에서는 새로운 소프트웨어에 대한 아이디어와 신기술들이 수시로 탄생하고 시험된다. [표 2-1]에서 보는 바와 같이 비영리 단체가 만들어져 개발생산성과 영향력을 극대화하기도 한다. 이렇게 만들어진 프로그램들은 인터넷을 타고 불특정 다수의 개발자 집단과 사용자 집단에 뿌려져서 수정되고, 조율되는 과정을 겪는다. 다수의 손을 거치면서 완성도가 높아진 이러한 공개 소프트웨어는 특정한 개인이 소유하거나 판매할 수 없다. 또한 '오픈'이라는 용어가 공짜라는 개념을 내세우고 있어서 피라미드 영업 조직의 인센티브가 유혹적이듯이 비용을 절감해야 하는 사용자 입장에서는 저절로 손이 가는 솔루션일 것이다.

마이크로소프트는 MS-DOS를 만들어 IBM에 납품하는 것으로 비즈니스가 시작되었다. 이와 동시에 개인용컴퓨터 주변기기 제조업체들이 윈도우 전용 드라이버를 개발하도록 유도하여 윈도우 생태계가 빠른 속도로 구축되었다.[5] 다른 한편으로는 개인 사용자들에게는 마치 오픈 운영체제처럼 다가갔다. 다각적인 전략으로 실질적인 독점적 위치에 오른 마이크로소프트는 개인용 컴퓨터 시장의 강자로 군림하면서 기업용 소프트웨어 분야로 비즈니스 전략을 확대하였다. 독점적 지위를 이용하여 인터넷 익스플로러를 5년간이나 성능을 업그레이드하지 않은 것은 단점으로 지적받았지만, 오픈소

---

[5] 현재는 이러한 전략 때문에 MS 윈도우가 근본적으로 해킹에 취약하다고 알려져 있다.

스의 개념이 널리 퍼지기도 전에 그러한 전략을 구사한 빌 게이츠는 천재적인 비즈니스맨이라 할 수 있다.

상당 기간 동안 IT의 기술과 시장을 선도해온 IBM은 인터넷 시대와 오픈소스에 대한 대비를 해야만 했다. 전통적으로 시스템의 신뢰성, 가용성, 서비스 역량을 신조로 표방해 왔던 IBM 개발 조직은 오픈소스 진영과 아파치 소프트웨어 재단을 설립해 후원을 하기 시작하였다. 그러한 일련의 전략적 의사결정의 결과로 IBM 웹애플리케이션서버 프로그램인 '웹스피어(WebSphere)'가 탄생하였다. 비교적 안정적인 아파치를 사용하고 있었던 사용자들은 상당히 빠른 시간 내에 IBM의 고객이 되었다. 자사의 독립적인 소프트웨어를 고집하여 개발했다면 IBM은 하드웨어 업체로 남아있었을 것이다. 웹스피어는 IBM 유닉스 기종의 호황을 타고 상당 기간 동안 IBM의 효자 소프트웨어 역할을 하게 된다. 이러한 시험적인 성공에 고무된 IBM은 자사의 메인프레임과 유닉스 기종의 운영체제로 오픈 운영체제인 리눅스를 도입하기에 이른다. 회사 내부의 기득권 세력들의 반대가 있었겠지만, 오늘날의 IBM은 이러한 과감한 혁신적인 변신이 기여한 바가 크다고 생각한다.

공짜라는 강력한 무기 뒤에 가려져 있는 오픈소스 프로그램의 불편한 진실들도 있다. 개인들은 공짜로 사용할 수 있지만, 기업이 상업용으로 사용하기 위해서는 유지보수 명목으로 돈을 지불해야 한다. 유지보수 비용을 낸다고 해도 오픈소스 프로그램의 특성상 근본적인 문제가 발견되어도 저작자가 해결해야 하는 의무가 없으므로 근본 원인의 파악과 수정이 어렵다고 본다. 하지만 사소한 문제를 피해갈 수는 있다. 대개의 오픈소스 프로그램은 엔드투엔드(End-to-End) 서비스 기능을 제공하는 상용 소프트웨어와 비교해보면 특정 기능만을 제공하는 단위 프로그램인 경우가 많다. 따라서 이러한 오픈소스 프로그램을 도입하다 보면 실제의 비용은 상용 소프트웨어와 별 차이가 없거나 오히려 비용이 더 들 수도 있다. 더구나 문제 발생시에 책임을 지는 대상이 없다는 것은 중요도가 높은 업무에 사용하기에는 위험이 너무 크다.

앞에서 언급한 마이크로소프트와 IBM의 사례도 있지만 다국적 대기업이 오픈소스 관련 업체를 인수하는 사례가 늘고 있다. 레드햇이 JBoss[6]를 인수하고, 레드햇은 IBM에 인수당하였다(2018년). 구글도 안드로이드를 인수하였는데, 이러한 사례들은 오픈소스 진영이 비영리를 추구하는 것도 아니라는 증명이다. 인수하는 기업 입장에서는 클라우드 재능기부 같은 방법으로 손쉽게 개발단계를 대체하고, 시장의 진입도 이미 어느 정도는 되어 있다는 장점을 취하는 고도로 계산된 대기업들의 전략도 숨어 있다고 봐야 한다. 또한 이러한 과정에서 지적 재산권의 문제가 프로페셔널하게 해결되지 않고 모호하게 남아 있는 경우가 많아서 전 세계적으로 법적 분쟁이 많이 일어나고 있는 것을 볼 수 있다.

---

6) JBoss RedHat Middleware: 자바를 기반으로 하는 오픈소스 미들웨어

[그림 2-1] 클라우드 생태계를 이루고 있는 오픈소스

　프로그램을 할 수 있는 원천기술이 없는 상태에서 오픈소스 프로
그램의 매력은 상당하다. 여기에 이른 시일 내에 새로운 소프트웨
어 제품을 만들어 시장에 나가 보자는 조급증이 더해져서 부작용들
이 나타나기 시작하였다. 오픈소스의 식민지화가 되어가는 곳에서
는 포장 기술만 늘게 되며 엄청난 시간과 노력이 소요되는 원천기술
을 축적하려는 의지는 꺾이게 마련이다. 최근의 클라우드 추세에서
보면 [그림 2-1]에서 보는 바와 같이 오픈소스 프로그램들의 집합체
를 만나게 된다. 문제의 여지가 상당한 이러한 클라우드에 들어가는
것은 진정한 클라우드의 혜택을 보는 것과는 거리가 있다. 눈에 보
이는 비용적인 측면만으로 시류를 따라간다면 상당한 위험에 직면
할 수 있으며, 계산하기 어려운 비용을 치를 수도 있다. 분명한 것은
세상의 누구도 아주 중요하고, 아끼는 것을 공짜로 주지는 않는 법
이다.

클라우드 주변에서 벌어지는 일들

ARTIFICIAL INTELLIGENCE

삐딱하게 바라본 4차 산업혁명 : IT
클라우드 주변에서
벌어지는 일들

클라우드 속에서는 엄청난 일이 일어날지라도 사용자는 몰라도 좋
겠다. 더 정확하게 서술해보면 사용자에게 기술적인 부담을 줄이거
나 더 나아가서는 기술과는 상관없이 현재의 IT 서비스를 훨씬 경제
적으로 사용할 수 있게 하자는 취지라고 볼 수 있다. 초기의 클라우
드는 기술적 제약으로 인해 더 큰 용량의 컴퓨터와 더 넓은 대역폭
의 네트워크가 필요했던 것이 사실이다. 따라서 비용도 더 많이 들
고 문제점도 더 많이 가지고 있었다. 그래도 그러한 IT적인 발상과
실험이 오늘날의 세련된 클라우드를 탄생시킨 배경이라고 생각한
다. IT 인프라 측면에서 본다면 극단적인 서버 의존적인 메인프레임
단계에서 클라이언트/서버 세대로 변화하고, 이어지는 현재 단계의
클라우드가 존재한다.

IBM이 메인프레임 영업에서 과도한 이익을 취하지 않고, 시장의
IT 트렌드를 읽을 줄 알았더라면, 클라이언트/서버 시장은 열리지
않았을 수도 있다. 인터넷이 사장되고, 오라클이 인수한 썬마이크
로시스템즈가 자바를 만들지 않았더라면 몇몇 글로벌 대표주자들의

IT 과점은 좀 더 향유될 수 있었을 것이다. 기술의 진화에는 반발이 따르게 마련이다. 클라우드 초기 버전인 씬클라이언트(Thin Client)는 기존의 세력을 넘지 못해서 충분한 기술적 능력이 축적될 때까지 상당 기간을 잠복기로 살아야 했다. 1980년대의 IT는 고가의 장비를 도입하기만 하면 SW와 서비스 등의 모든 것이 저절로 따라오는 시기였고, 2000년에 이르러서는 Y2K[7]를 넘기면서 SW의 비용이 현실적인 문제로 대두되었다. 이어서 최근에 관심사로 떠오른 IT 서비스의 개념이 클라우드 인프라의 완성과 확장으로 이어지는 데는 비교적 상당히 짧은 시간이 소요되었다.

　클라우드 내부에는 기존 IT와 관련된 모든 것이 서비스가 가능한 형태로 들어가 있다. 외견상으로는 초기 IT의 마스터/슬레이브(Master/Slave) 모델과 동일하다. 두 가지 크게 바뀐 점을 들자면, 대형 서버인 메인프레임이 x86 범용 서버로 대체되었으며, OS는 글로벌 벤더의 종속에서 탈피해서 개방형 리눅스를 사용하는 점이 달라졌다([그림 3-1]).

---

7) Y2K란 1999년 12월 31일에서 2000년 1월 1일로 넘어갈 때 날짜나 시각을 다루는 과정에서 오류가 일어나는 문제로, 대표적인 컴퓨터 설계의 오류로 지적된다. 여기서 Y는 Year(년)를, K는 1000을 나타내는 kilo(킬로)이다. (출처: 위키백과)

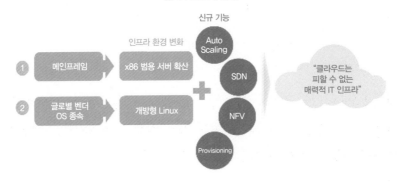

[그림 3-1] 클라우드로의 변화

    메인프레임과 OS의 변화만을 비교해 보아도 클라우드의 가치를 판단하기에 부족함이 없다. 그러나 거기에다가 프로비저닝(Provision-ing)[8], 오토스케일링(Auto-Scaling)[9], 소프트웨어 정의 네트워킹(SDN: Software Defined Networking)[10], 네트워크 기능 가상화(NFV: Network Functions Virtualization)[11] 등의 기능이 더해져서 클라우드는 피할 수 없는 매력적인 IT 인프라가 되어 버렸다. 객체지향(Object Orient) 기술로 구축된 서비스들은 클라

---

8) Provisioning은 사용자의 요구에 맞게 시스템 자원을 할당, 배치, 배포해 두었다가 필요 시 시스템을 즉시 사용할 수 있는 상태로 미리 준비해 두는 것을 말한다. (출처: 위키백과)

9) Auto-Scaling은 클라우드 컴퓨팅에 사용되는 방법으로, 필요한 서버의 개수를 자동으로 조절해주는 기능이다.

10) SDN(Software Defined Networking, 소프트웨어 정의 네트워킹)은 네트워크 리소스를 최적화하고 변화하는 비즈니스 요구 사항, 애플리케이션, 트래픽에 맞춰 네트워크를 신속히 적응시키기 위한 네트워크 가상화 접근 방식이다.

11) NFV(Network Functions Virtualization, 네트워크 기능 가상화)란 라우터, 방화벽 및 부하 분산 장치와 같은 고가의 전용 하드웨어 장치를 산업 표준 서버에서 가상 머신으로 실행되는 소프트웨어 기반 네트워크 어플라이언스로 대체해주는 네트워크 접근법이다.

우드에 접속하는 누구에게라도 무한대의 서비스를 극도로 유연하게 제공할 수 있게 되었다. 기업의 IT 관련 예산 비율은 과거 30년간 지속적으로 줄어들었지만, 클라우드 기술의 완성으로 다시 절반 이하로 줄어들 수 있는 기반이 마련되었다고 볼 수 있다. **메인프레임 시대의 IT를 어떠한 이유로 지금까지 유지하고 있는 기업이 있다면 클라우드를 도입한 경쟁자와 어떻게 가격 경쟁을 할 수 있을 것인지 회사의 사활을 놓고 고민해 봐야 한다.**

아마존은 이미 전자상거래 시장에서 확고한 자리를 잡았으며, 클라우드 시장에서도 무서운 성장세로 부동의 1위를 차지하고 있다. 아마존 웹 서비스라고 불리는, 기업을 대상으로 한 퍼블릭 클라우드 서비스는 새로운 생태계를 제공한다. 전세계의 수많은 기업들이 자사의 시스템을 아마존 클라우드에서 운영하고, 그곳에서 관계되는 회사들과의 B2B 연관도 편하게 할 수 있다. 새로운 아이디어만 있거나 제품만 있는 경우, 아마존 클라우드에 가입하는 것만으로 엄청난 도움을 받을 수 있다. [그림 3-2]에서 보는 바와 같이 광고, 결재, 운송, 쇼핑몰 등 기업이 해야 할 모든 업무들이 얼마든지 사용할 수 있는 서비스로 준비되어 있기 때문이다. 클라우드 내에서 이러한 서비스를 제공하는 기업들이 점차 다양하고 편리한 서비스들을 만들어내고 있으며, 이러한 기업 친화적인 서비스들이 기업들을 끌어모으고 있다. 더 나아가서 아마존은 클라우드에 참여하는 기업이 많아 질수록 클라우드 이용 가격을 내려서 고객의 충성도를 높이는 전략을 구사하고 있다. 이러한 아마존 클라우드의 전략은 가격으로만

[그림 3-2] 기업 서비스에 적합한 클라우드

승부하는 것이 아니라 클라우드 내에 있는 생태계의 전체 가치를 평가하도록 유도하고 있다.

온라인 스토리지와 가상서버를 임대하는 방식으로 시작한 아마존의 웹 서비스는 10여 년 만에 기업의 IT를 모조리 아웃소싱하는 거대 클라우드 서비스가 되었다. 지금은 IaaS(Intrastructure as a Service), PaaS-(Platform as a Service), SaaS(Sottware as a Service)의 전 영역을 아우르고 있어서, 마이크로소프트와 IBM 등 후발주자들의 클라우드 사업실적을 모두 합쳐도 아마존을 따라잡기 힘든 실정이다. 기술의 발달이 모두 아마존의 사업 성공을 위한 것처럼 느껴지는 부분도 있다. 아마존의 클라우드 비즈니스 성공사례에서 보듯이 클라우드를 도입하면 성능이나 각종 기능이 이론대로 나오지 않을 것이라는 초기의 우려들은 모두 극복이 된 것이라고 봐야 한다.

이제는 클라우드의 대세를 따를 거냐 말 거냐의 문제가 아니라, 어떻게 클라우드를 받아들일지 고민해봐야 한다. 클라우드도 한계가 있을 수 있고, 인더스트리에 따라 민감한 리스크들이 있을 수 있다. 아마존 클라우드 서비스는 고객의 IT를 통째로 수용할 수 있다. 그러나 사용자는 자기 회사의 IT가 물리적으로 어디에 있는지 알기 어렵다. 클라우드 어딘가에 있는 나의 시스템에 누군가가 접근하고 있는지 근심을 떨칠 수도 없다. 또한 나라별로 제정되고 있는 클라우드에 대한 법률들도 아마존으로 봐서는 새로운 진입장벽이 될 수 있다. 2018년 4월 도널드 트럼프 미국 대통령의 서명으로 발효된 소위 '애국자법'이라고도 불리우는 클라우드법이 하나의 사례가 될 수 있다. 미국의 수사 당국은 적법한 절차만 거치면 미국기업의 해외 서버에 저장된 데이터를 들여다볼 수 있게 되었다. 이는 개인정보보호라는 면에서 배치되는 사항이므로 기업은 외부의 퍼블릭 클라우드보다는 내부의 프라이빗 클라우드 방식을 고려하기 시작하였다(그림 3-3).

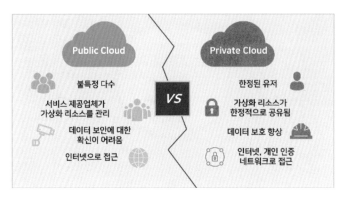

[그림 3-3] 퍼블릭 클라우드 vs 프라이빗 클라우드

　　의사결정자들은 IT 기술도 변하고, 기업 환경도 변하고, 심지어는 해외의 관련 법들도 변하고 있다는 사실을 받아들여야 한다. 클라우드 속 환경에는 또 다른 차원의 경제 질서가 돌아가고 있다. 클라우드로의 혁신적 변화가 가속화된다면 엄청난 부분의 경제 지도가 바뀌게 될 것이다. 이는 5G[12] 통신의 도래와 합쳐져 기업뿐만 아니라 개인들의 생활까지도 놀랄만한 변화를 가져올 것으로 예상된다. 클라우드 속을 들여다본다는 개념은 클라우드 속에 거주한다는 개념으로 진화할 것이다. 클라우드 속에서 익숙해진 사람들은 거꾸로 클라우드 밖에서 살던 시절을 동경하는 미래가 올지도 모르겠다.

---

12) 5세대 이동 통신(5G, 5th Generation Mobile Telecommunication)은 2018년 이후에 채용될 개선된 무선 네트워크 기술이다. 26, 28, 38, 60 GHz 등에서 작동하는 밀리미터파 주파수를 이용하는 통신이다. (출처: 위키백과)

CHAPTER
004

IT 종사자의
생태계

ARTIFICIAL INTELLIGENCE

IT 종사자의 생태계

프로그래밍을 가르치는 학원 앞을 지나다 광고에 쓰여 있는 문구가
눈에 들어왔다. 스티브 잡스, 마크 저커버그, 버락 오바마, 빌 게이
츠 등의 유명 인사들의 말을 빌려 프로그래밍을 배워야 한다고 역설
하는 내용이다[그림 4-1].

컴퓨터 프로그래밍은 사고의 범위를 넓혀주고
더 나은 생각을 할 수 있게 만들며
분야에 상관없이 모든 문제에 대해
새로운 해결책을 생각할 수 있는 힘을 길러준다.

-빌 게이츠-

이 나라에 살고 있는 모든 사람은
컴퓨터 프로그래밍을 배워야 한다.
프로그래밍은 생각하는 방법을
가르쳐 주기 때문이다.

-스티브 잡스-

   모두를 위한 컴퓨터 과학 실행안 발표

2014년부터 주당 1시간 이상
컴퓨터 교육 의무화

2018년부터 초중고 코딩교육 의무화

[그림 4-1] 프로그래밍은 사고의 힘

정치인을 빼고는 모두 프로그래밍으로 시작해서 꿈을 키웠고, 세
계적인 IT 회사를 세웠으며, 더불어 본인도 억만장자가 되었다.

또한 미국 실리콘밸리에는 그러한 꿈을 좇는 벤처 사업가가 첨단 기술로 무장하고 내공을 쌓아가고 있다. 모두가 성공하는 것은 아니지만 하나라도 성공하면 그것이 가져오는 결과는 실로 엄청난 것이다. 미국에서의 성공은 곧 글로벌에서의 성공으로 이어지며, 이는 개인적인 성공뿐만이 아니라 국가적 차원에서 일자리 창출과 같은 윈윈 전략의 실현으로 평가를 받는다. 국가는 벤처의 인프라를 제공하고, 벤처의 성공 여부는 철저하게 시장에서 알 수 있다. 그리고 이렇게 성공한 사업가는 기업의 사회적 책임이라는 성공의 일부를 사회에 환원해서 어려운 계층을 돕는다. 다음 세대의 스티브 잡스, 마크 저커버그, 빌 게이츠가 나오게 되는 선순환 생태 시스템이 국가적으로 완성된 모습이다(그림 4-2).

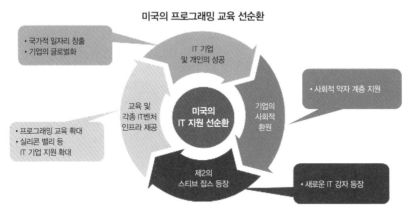

[그림 4-2] 프로그래밍 교육의 선순환 생태

IT가 전공이라고 해서 모두 IT 회사를 세우거나, IT 회사에 종사하는 것은 아니다. 대학생의 경우 졸업 학년이 되어서도 본인이 취업할 수 있는 전체 기회에 대하여 잘 모르는 경우가 많다. 실제로는 IT 회사에 다니는 사람 수보다 일반 회사나 정부의 IT 관련 업무에 종사하는 사람이 더 많을 수 있다. 또한 현재의 IT는 이미 모든 분야로의 협업과 시너지가 창출되어 업무의 본질이 상당히 바뀌어 있다. 그 분야에 종사하는 전문가가 아니라면 구체적인 업무를 알기 어려운 경우도 허다하다. 의학, 통신, 방송, 게임, 금융 산업은 어느 정도 대중에게 노출된 분야이다. 그러나 법, 군, 서비스, 농업, 노인 관련 산업처럼 어떻게 IT와 관련이 있는지 알기 어려운 분야도 존재한다.

1980년대의 기업체로 가보면 참으로 세상이 많이 변했다는 것을 실감한다. PC가 드문드문 보이고 프린터는 공유되지 않았다. 전산 전문 부서는 존재하지 않았거나 일반 직원은 접근하기 어려운 격리된 부서였으며, 대개는 PC 수리 센터 정도의 일을 수행했다. 근사한 용어로 헬프데스크(Help Desk)라고 불러줄 정도였다. 1990년대는 전산 부서가 전산 장비의 도입이 활발해져 부장 정도가 운영하는 부서로 승격되고 예산도 가장 많이 쓰는 부서로 위상이 변하였다. 모든 직원의 책상 위에는 개인용 컴퓨터가 놓여 있었으며 메인프레임과 연결되어 주요 업무가 전산화 되어가는 시기였다. 한 세기가 지나고 2000년 이후의 전산 담당 부서는 일단 이름에서부터 중요도와 품격이 더해졌다. 전략정보실이나 IT 부문, 기술운영본부 등으로 변하였으며, 책임자도 조직의 규모에 따라 본부장, 상무, 부행장 같은 실질적인 핵심 요직을 맡고있다. 모든 개인 단말기는 기능이 풍부해졌고 근거리 통신망으로 상호 연결되었으며 웹을 통해 서버와 업무를 주고받는 모습이 되었다. 전자 문서를 주고받음으로써 프린터는 사라지고 있다(그림 4-3)).

IT 부서의 위상 변화

1980년대	1990년대	2000년대 이후
• PC의 수가 적음 • 프린터 공유되지 않음 • PC 수리 센터 역할	• 전산 장비의 활발한 도입 • 주요 업무의 전산화 • PC 및 메인프레임과 연결	• CIO가 실질적 핵심 요직으로 됨 • 단말기 기능 다양화 • 근거리 통신망으로 상호연결 • 웹 환경의 서버·클라이언트 사용 • 전자 문서 보편화
Help Desk 역할	**부서 비중 확대**	**IT 부문으로 확장**

[그림 4-3] IT 부서의 위상 변화

지금은 사회적으로 금연이 보편화되어 커피를 마시며 개인적인 이야기를 하는 시간을 갖겠지만, 예전에는 골방에 모여 담배 피우며 회사의 험담도 하던 시절이 있었다. 회사가 어려워질 때에 어느 부서가 먼저 없어지고 어느 부서가 제일 마지막까지 살아남을 것이냐는 주제가 단골이었다. 당연히 돈을 벌어오는 영업부가 제일 마지막까지 살아남고 임원회의장에서도 영업부서 임원이 사장 바로 옆에 앉는다. 지금은 어떨까? 전자상거래의 보편화로 비대면 채널로의 영업이 활성화된 상태이므로 영업부의 규모는 줄어드는 추세이다.

거꾸로 IT만 있으면 회사가 돌아가도록 되어 있어서 IT 담당 중역이 회사의 마지막 자리를 차지하는 것도 무리가 아니라고 생각한다. 노동자들의 파업과 쟁의들을 많이 봐왔지만 만일 IT 종사자들의 파업이 일어난다면 군대가 파업한 것이나 마찬가지라고 봐야 한다. 이러한 IT의 중요도가 어린 학생들에게 제대로 전달되고 있는지는 한 번쯤 신중하게 짚어 봐야 한다.

지금은 모든 개인의 손안에 컴퓨터가 있고 무선으로 연결되어 있는 시대이다. 연결이 가능한 서버는 무한하며 개인마다 서로 다른 앱의 구성을 가지고 있어도 문제가 되지 않는다. 또한 관련 직종이 얼마나 다양한지, 개인들의 IT적 취향과 능력이 어떠한지 간에 이 둘을 최적의 조건으로 연결하는 것도 인공지능을 통해 가능한 세상이다. IT의 어느 부분이 창의성을 가지고 진화할지 짐작하는 것은 영화적 상상력을 빌려서 생각해 볼 수 있겠다. '화성 침공'이라는 영화는 거꾸로 지구인이 화성을 탐사함으로써 인간의 화성 침공으로 현실화하였다. 지금의 SF 영화는 바이오 기술, 가상현실, 시간과 공간적 제약을 넘는 기술과 IT의 결합으로 소재를 삼고 있다. 이러한 부분들도 언젠가는 현실화된 세상이 올 것이다.

앞서 거론한 미국의 성공한 IT 기업인은 스마트하지만 모범생들도 아니었고, 성격이 원만하지 않은 경우도 있었다. 기존의 질서를 거부하고 신기술로 세상의 모든 것을 바꾸겠다고 저항했으며, 처절하게 생존하여 지금의 자신을 완성한 것이다. 그러한 모델과 유사한 사람들이 지금의 어린 학생 중에 있는지, IT 기업인들 중에 있는

지 찾아보고 싶다. 대학 가기를 포기하고 게임에 매달리고 있는 어린 학생들에게 기성 교육제도는 어떠한 길을 제시하고 있는지 묻고 싶다. 당장 게임을 끄고 학과 공부를 열심히 해서 일단 대학을 가고 기존의 사회 틀로 돌아오라는 케케묵은 잔소리로는 어림도 없다는 사실을 누구나 잘 알고 있다. 그들이 즐기고 있는 게임으로 인해 우리나라의 게임산업이 이렇게 발전했다는 긍정적인 사고로 시작해야 할 것이다. 이제 IT는 옵션이 아니다.

인간의 생애주기에 지식과 언어능력 그리고 신체적 능력이 기본적인 인프라가 되듯이 지금부터는 IT적인 부분들도 주요한 인프라적인 요소로 함께 한다. 그러한 요소들은 범국가적 관심이 절실한 부분으로 구분되어야 한다. 이러한 바탕 하에서 개인들의 개별 관심사들이 창의적으로 발현될 때 창조적인 파괴가 일어나게 되고 그러한 부분이 시장에서 가치를 인정받는 과정에서 성공하는 기업으로 성장하게 된다. 모든 프로세스에는 다음 단계가 있기 마련이다. 자력으로 가든 떠밀려서 가든 단계적 성장을 이루고 경쟁력을 갖추는 데에는 어느 산업보다 IT가 변화적인 면과 속도적인 면에서 우월하다.

블룸버그가 2016년에 발표한 세계최대의 상장사 톱10 리스트[13]는 극단적인 IT 인더스트리의 성장을 보여준다[그림 4-4]. 과거 10년간 글로벌 톱10에 있던 IT 회사가 마이크로소프트 1개에서 애플, 알파벳[14],

13) 출처: Bloomberg, A Virtually new world / World largest listed companies by market capital-ization, $bn, August 24th 2016
14) 알파벳(Alphabet)은 2015년 설립된 Google의 자회사로 의학연구(Medical Research)와 웨어러블 기술(Wearable Technology)에 특화된 회사이다.

마이크로소프트, 아마존, 페이스북 등의 5개 회사로 늘어난 것은 의미심장하다. IT의 바다에 나가고 싶은 젊은 인재들이나 현재의 IT를 짊어지고 있는 전문가들은 개인적인 역량이 국가적인 경쟁력과 세계의 산업발전에 기여한다고 생각해도 좋을 것이다. 생태계라 함은 약한 것은 강한 것에 흡수되고 먹히는 먹이 사슬구조이다. 살아남기 위해서는 IT의 다양한 생태계 속에서 끊임없는 열정으로 노력하고 변화에 익숙해져야 할 것이다.

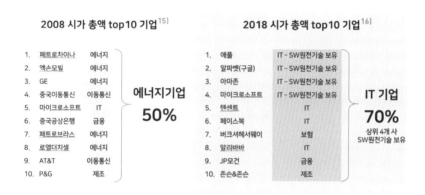

[그림 4-4] 산업의 구조나 부흥을 좌우하는 거대한 영향력

---

15) 출처: S&P Capital IQ
16) 출처: 전세계 기업 시가총액 순위 사이트 미스터 캡

CHAPTER
005

IT 업계에
부는 바람

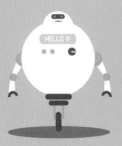

ARTIFICIAL INTELLIGENCE

IT 업계에 부는 바람

정보기술 업계는 30년 전과 비교해 보면 실로 엄청난 변화를 포함하고 있다. 원조 IT 강자인 IBM, HP, 오라클, MS, 시스코, SAP 등은 아직도 건재하지만, 그들 역시 초창기에 비하면 구조적으로 거의 다른 회사라고 봐도 무방할 것이다. [표 5-1]에서 보는 바와 같이 저들은 엄청나게 많은 회사를 인수하고, 다른 한편으로는 경쟁력이 없는 사업 부분은 과감하게 매각을 하며 끊임없는 변신을 해왔다. 공룡이라 불리웠던 IBM만 봐도 SW 업체로 변화하는 과정에서 100여 개 이상의 SW 회사를 인수하였다. 이름만 들어도 알 수 있는 로터스(Lotus), 인포믹스(Informix), SPSS, 티볼리(Tivoli), 래쇼날(Rational) 등의 수많은 SW 업체가 IBM에 인수되어 지금은 시장에서 흔적을 찾아볼 수 없게 되었다. 인수 합병된 회사의 주인들은 막대한 돈을 받고 나름 잘나가던 회사를 팔았다. 그 회사에서 일하던 전세계 직원들은 어찌 되었을까? 대기업에 인수되어 행복하다고 봐야 하는지, 정복자의 틈바구니에서 외로운 신세로 살아가야 하는지의 다양한 경우가 있을 것이다.

기업	인수 SW 회사
IBM	Lotus, Informix, SPSS, Tivoli, Rational, Strongloop, Merge Healthcare, Compose, Phytel, Explorys, Butterfly Software, Tealeaf Technology 등
HP	Trilead, ConteXtream, Voltage Security, Eucalyptus, Shunra, Stratavia, Phoenix Technologies, Melodeo 등
Oracle	NetSuite, Textura, TOA Technologies, Responsys, BigMachines, Taleo, GoAhead Software, InQuira, Datanomic 등
MS	Teacher Gaming LLC, Double Labs, N-trig, Parature, Opalis Software, Interactive Supercomputing, DATAllegro 등
CISCO	Combinet, TGV Software, Internet Engineering Group (IEng) 등
SAP	Callidus Software, Concur, Hybris, Ariba, Success Factors 등

[표 5-1] 글로벌 IT 기업의 SW 회사 인수 현황

이는 비단 SW만의 일이 아니다. 자바로 유명한 썬마이크로시스템
즈는 오라클에 인수되었으며, 초대형 스토리지 업체인 EMC는 PC
업체인 델(Dell)에 인수되었다. IBM은 PC 사업 부문과 x86 서버 부분
을 중국의 레노버(Lenovo)에 매각하였다. 참으로 역사의 아이러니가 아
닐 수 없다. SW 업체가 대형 HW 업체를 삼키고, PC 조립 업체가
스토리지 토털 솔루션 업체를 인수하였다. 중국 PC 업체인 레노버
는 IBM 브랜드의 PC와 x86 서버를 인수함으로써 일약 세계적인 벤
더로 발돋움하는 계기가 되었다. 불과 수년 후에 있을 x86과 리눅스
기반의 클라우드가 시장을 흔들 것을 예견한 듯한 과감한 인수 전략
이 눈에 띄었다[표 5-2]. 반면에 클라우드 전략을 시작한 IBM은 IaaS
기반을 팔아 없앤 것이니 그만큼 속이 쓰릴 듯하다.

업체명	17년 4분기 출하량	17년 4분기 시장점유율(%)	16년 4분기 출하량	16년 4분기 시장점유율(%)	전년동기대비 성장세(%)
HP	16,076	22.5	15,084	20.7	6.6
레노버	15,742	22.0	15,857	21.7	−0.7
델	10,841	15.2	10,767	14.7	0.7
애플	5,449	7.6	5,374	7.4	1.4
에이수스	4,731	6.6	5,336	7.3	−11.3
에이서	4,726	6.6	4,998	6.8	−5.4
그 외	13,990	19.6	15,599	21.4	−10.5
총계	71,556	100.0	73,015	100.0	−2.0

[표 5-2] 2017년 4분기 전세계 PC 업체 출하량 잠정 추정치(단위: 천 대). 출처: 가트너

상기 업체들의 이합집산으로 인한 지각변동은 경우에 따라 뉴스거리가 되긴 하였으나 업계의 큰 흐름을 주도하지는 못하였다. 업계의 흐름을 바꾸는 키워드를 넣어서 한 문장으로 만들면 다음과 같다.

"모든 개인이 무선으로 연결된 장비를 가지고 다니면서 인터넷상의 사회경제 활동을 하기도 하고 게임의 형식으로 커뮤니케이션할 것이다."

얼마나 무서운 변화인지 실감이 나지 않을 것이다. 개인이 손에 컴퓨터를 들고 다니게 될 줄은 불과 30년 전만 해도 아무도 상상하지 못했다. 노키아, 모토로라, MS, 애플, 구글이 꿈꾸었던 세상은 순식간에 B2B에서 B2C까지 아우르는 초거대 시장으로 팽창하였다.

다른 한편 게임 산업의 발전은 타의 추종을 불허한다. 청소년은 물론이고 성인들까지도 게임에 열중하는 세상이 되었다. 국경을 초월한 게임 속에서 벌어지는 세상은 새로운 차원의 경제터전이다.

아마존의 클라우드 생태계 지배

Tencent 腾讯

amazon.com

기업을 위한 IT 환경 제공

| 웹사이트 | 디지털 마케팅 |
| 빅데이터 | ...... |

Alibaba.com

twitter

아마존의 클라우드 생태계 주도

텐센트, 알리바바, 페이스북, 트위터가 각각 클라우드 생태계의 축을 담당

B2B 서비스 지원 업종 폐업 증가 → "아마존드"

[그림 5-1] 아마존의 클라우드 생태계 지배

최근에는 아마존의 열풍이 뜨겁다. 세계는 아마존인가 아닌가의 새로운 재편이 이루어지고 있는 듯하다. 물론 페이스북이나 트위터 등도 변화의 한 축을 담당하고 있지만, 아마존의 지배력에 미치지 못할 것이다. 중국의 알리바바, 텐센트가 열심히 따라가고 있는 형국이지만 아마존이 펼치고 있는 글로벌한 플레이와는 격차가 있는 느낌이다. 아마존이 클라우드 사업으로 지도를 확장해가고 있는 반면에는 그로 인해 폐업하는 업종이 생겨나고 있다. 이런 현상을 '아마존드(Amazonned)'라고 한다.

아마존드는 시장의 플레이어들이 아마존 생태계 밖에서 생존하기 위해 극복해야 하는 화두가 되었다. 그러나 새로이 사업을 시작하는 사람들에게 아마존 클라우드는 너무나 잘 갖추어진 환경을 제공하는 장점도 있다(그림 5-1).

IT의 혁신으로 HW, SW 중심의 시기에서 데이터가 중심이 되는 단계가 되었다. 세상의 모든 것들이 연결되고, 소통하고, 관리된다. 이러한 과정에서 데이터가 생성되고, 저장되고, 걸러져서 분석된다. 빅데이터와 인공지능이 보편화된다면 과거의 IT는 중요하기는 하지만 인프라 속으로 숨어서 관심의 초점에서 멀어질 것이다. 컴퓨터의 숫자가 전세계 인구 수만큼 많아진 현재, 그들이 만들어내는 데이터의 양은 알고 있는 척도로 표시하기 어려울 지경이다. 이는 단지 시작에 불과하다. 의학 분야만 살펴봐도 환자와 각종 의료 장비가 만들어내는 데이터는 실로 엄청날 것이다. 약간의 상상력을 발휘해서 사물이나 동물과 데이터로 소통하는 날이 조만간 올 것으로 생각된다. 빅데이터는 인공지능의 인프라이므로 데이터만 확보된다면 동물 언어 번역기도 나올 것이다.

세계적으로 경제 대전이 벌어지고 있다. 이미 체결된 FTA 계약이 각국의 이해관계에 따라 수정되고, 영국의 EU 탈퇴로 유럽의 관계가 복잡하다. 상당 부분이 실업률과 일자리의 개수와 관련이 있다. 앞서 살펴본 IT의 변화도 일자리와 상당한 관계가 있다. 일자리에 대한 개념도 바뀔 수 있다. 집구석 컴퓨터 앞에만 앉아 있다고 경제 활동을 안 하는 것이 아니다. 인터넷상에서 중고물품을 중계해주고

수수료로 한 달에 백만 원의 소득을 올린다면 소득세를 내야 하는가? 이런 사람은 실업자에 포함되는가? 소위 파워 블로거들이나 일인 방송자들은 취미가 직업이 된 경우인데, 소득이 대단하지만 취업자도 자영업자도 아니다. 인공지능과 컴퓨터를 이용한 결과가 일자리의 감소로 이어질 것이라는 우려가 크지만, 자세히 들여다보면 여전히 새로운 분야를 발굴하고 시험하는 중이다. 세상이 바뀌는 과정에서 일자리의 수에 대한 개념도 바뀌어야 할 것이다. 생활비 이상의 소득을 올리는 신종 직업을 양성화하고 활성화한다면 거시 지표인 실업률도 따라서 영향을 받을 것이다.

24시간 365일 일하는 상상을 해본다. 내가 직업이 있든 없든 오프라인 상에서의 나와는 별개로 가상의 사회에서 나의 아바타는 데이터를 이용한 국제결혼 중매업소를 운영하고 있다. 나의 아바타는 아마존 클라우드에서 활동하고 있으며, 나는 아마존 클라우드 사용료를 내고 있고, 가상 비즈니스로 인한 수입에 대한 세금은 한국 정부에 내고 있다. 내가 자는 동안에도 나의 아바타는 국제결혼 중매업소 협회에 참가하여 글로벌 수수료율 인상에 대해 협상한다. 내가 은퇴한 후에도 이러한 비즈니스는 계속될 것이다. **비즈니스가 노동력에 기반한 세상은 끝났다. 비즈니스는 상상력에 기반을 둔 순발력이며 실행력이다.** 나는 죽을 때까지 국세청에 세금을 내는 영원한 사업가로 남을 수 있을 것이다.

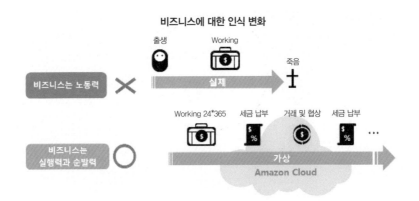

[그림 5–2] 비즈니스에 대한 인식 변화

심지어 나는 어쩌면 컴퓨터 안에서 영원히 살고 있을지도 모른다

([그림 5–2]).

CHAPTER
006

차세대와
빅뱅의 종점

ARTIFICIAL INTELLIGENCE

삐딱하게 바라본 4차 산업혁명 : IT
차세대와 빅뱅의 종점

IT의 발자취를 살펴보면 사용자의 요구 또는 공급자의 기술적 변화에 따라 일반적이라고 볼 수 없는 대단위의 변화를 맞게 된다. 변화하지 않으면 뒤처지게 되고, 막상 변하자니 엄청난 투자와 리스크가 따른다. 뒤돌아보면 대다수의 한국 기업은 대체로 리스크를 수용하는 방향으로 차세대라는 프로젝트를 주기적으로 수행해왔다. 미국이나 유럽 심지어는 이웃인 일본조차도 그러한 리스크는 감내하기 어려운 것으로 평가된다. 초기의 IT 사용자들은 글로벌 벤더의 주문에 따라 고유 업무를 일시적으로 중단해가며 프로젝트를 수행하곤 했다. 16비트 주소 체계로 설계된 소프트웨어가 수용할 수 있는 한계에 다다르자 32비트 주소 체계로 전체 IT를 업그레이드해야만 했다. 이를 위해 전세계의 IT 종사자들은 메인프레임 공급자들의 주문에 따라 어쩔 수 없이 밤을 새우며 프로그램을 고쳐야 했다. 공급자가 우월한 시장에서 일어나는 전형적인 현상이다. 사용자들은 아무런 혜택도 얻지 못하면서 벤더들의 협박성 영업에 속수무책이었다. 사실 그 당시의 사용자는 IT에 대한 지식이 얕아서 달리 방법도 마련할 수 없었다.

Y2K도 일종의 공급자로부터 발생한 큰 변화라고 볼 수 있다. 고가의 저장장치 때문에 년도 표기를 두 자리로 했던 것이 2000년으로 넘어가면서 문제가 발생할 소지가 커졌다. 일부는 이로 인한 전산 오류로 핵미사일이 발사되어 뜻하지 않은 3차 세계대전이 발발한다는 영화까지 만들어 세상을 떠들썩하게 만들었다. 이 당시만 해도 IT가 제법 복잡해졌고 광범위하게 쓰이던 시절이므로 어느 부분에서 문제가 터질지 몰라 전세계의 모든 IT 종사자들이 초비상 상태로 밤을 새워야 했다. 결국 큰 문제 없이 넘어가기는 했으나 문제가 되는 구기종들을 신기종으로 대체하는 IT 특수가 있었음을 부인할 수는 없을 것이다. 이러한 문제는 아직 잠재해 있는 것도 상당히 있을 수 있다. 시스템도 사람이 만드는 것이라 미래에 일어날 모든 위험 요소를 고려하지는 못했을 것이다. IT 환경이 복잡해지고, 보안 위험이 날로 증가하며, 개방된 시스템이 가지는 속성은 사용자의 선택권을 줄이고 이다.

이러한 피해갈 수 없는 이슈로 인해 IT에 발이 묶인 사용자들은 울며 겨자 먹기 식으로 투자를 할 수밖에 없었고, IT 벤더들은 즐거운 비명에 표정 관리를 하고 다녔던 시절이 있었다. 흥미로운 것은 역사가 반복되는 것처럼 IT의 이러한 현상도 반복되고 있다는 것이다. 이제는 IT 사용자들이 스스로의 요구를 만들어내기 시작하였다. 시장 진입의 속도를 빠르게 하고, IT 비용을 줄이고, 비용조직에서 이윤을 내는 조직으로 변하고, 신기술을 도입하기 위한 인프라를 갖추고 등의 이유로 잘 돌던 IT 인프라에 스스로 손을 대기 시작하였다.

현재 한국에는 소위 메인프레임을 사용하는 기업이 손에 꼽힌다. 대부분의 IT 사용자는 몇 차례의 차세대 프로젝트를 거치면서 탈메인프레임을 완성했고, 지금은 더 나아가서 U2L(Unix to Linux)[17], L2C(Linux to Cloud)[18] 등의 과감한 혁신도 성공적으로 이루어내고 있다. 이러한 면에서 한국의 IT 사용자의 과감한 결단력과 프로젝트 수행 능력은 세계적으로도 찾아보기 힘들 것이라 확신한다. 은행의 예를 들어보자. 고객을 여러 각도로 분류해서 최적의 금융 상품을 만드는 데 한 달이 걸리는 경우와 즉시 가능한 경우의 경쟁력은 비교하기 어려울 것이다. IT 사용자의 요구에 의한 차세대는 이러한 엄청난 경쟁력을 유발하는 효과를 동반한다. 더 나아가서는 개인화된 상품을 즉시 만들고, 고객과는 비대면적인 경로로 소통하게 되는 시대가 되었다. 여기서는 IT의 인프라적인 부분과 빅데이터, 블록체인, 클라우드, 인공지능 같은 새로운 요소기술들이 융합되는 현상이 발생하고 있다([그림 6-1]).

---

17) UNIX TO LINUX: 유닉스 시스템에서 리눅스 시스템으로의 이전
18) LINUX TO CLOUD: 리눅스 시스템에서 클라우드 환경으로 이전

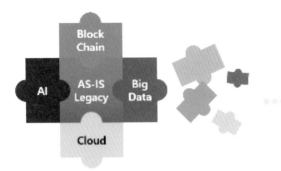

[그림 6-1] 신기술들의 융합

　빅뱅의 리스크를 극도로 회피하는 다른 나라들의 경우도 이제는 어떠한 방식으로라도 차세대 프로젝트를 해야만 하는 상황에 직면하였다. 단순히 비용적인 면만을 고려해도 이유는 충분할 것이다. 고비용의 IT 구조는 기업의 본질적인 대고객 영업 활동에 직결된다. 극단적인 비교를 해보자. 게임프로그램 사업을 PC로 하는 경우와 유닉스로 하는 경우를 살펴보면 비용적인 측면에서 당연히 유닉스가 훨씬 불리하다. 이러한 경우는 퍼블릭 클라우드를 이용하여 게임 서비스를 하는 것만으로도 비용적인 경쟁력을 높일 수 있다. 실제로 미국의 대형 유통회사와 금융회사들이 메인프레임의 고비용을 견디지 못하고 여러 단계를 뛰어넘는 빅뱅을 실행하는 사례들이 생겨나고 있다. 최근에는 리호스팅[19] 기술이 발달해서 극단적인 차세대 프

---

19) 리호스팅이란 시스템 이관을 뜻하며, 시스템 이관(-移管) 또는 시스템 마이그레이션(System migration)은 명령어 집합이나 프로그램의 이관을 동반한다. 시스템 이관은 오래된 시스템을 새로운 시스템으로 대체하는 동안 다운타임을 동반할 수 있다. (출처: 위키백과)

로젝트를 하더라도 기존의 애플리케이션을 변경 없이 사용할 수 있게 되어 프로젝트의 리스크가 상당히 경감되었다([그림 6-2]).

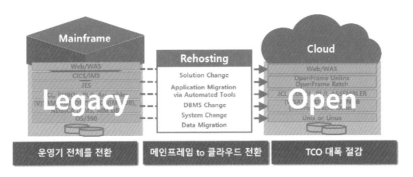

[그림 6-2] 리호스팅을 통한 기존 레거시 전환

지금까지 나와 있는 기술을 최대한 이용한 빅뱅 방식의 차세대 프로젝트는 클라우드를 구축하는 것이라고 봐야 한다. 벤더의 서버 장비를 범용 x86 리눅스 서버로 전환하는 것만으로도 비용이 절반 이하로 떨어진다. 만일 여건이 허락하여 공공 클라우드에서 IT 서비스를 받는 것으로 전환한다면 차세대를 구축하는 초기비용이 하나도 들지 않는다. 소프트웨어 정의 네트워크와 무한 확장이 가능한 서버와 스토리지를 구현하는 기술의 완성이 블랙홀 같은 클라우드를 탄생시켰다. 지금부터의 프로그래밍은 컴퓨터 언어로 구현하는 단계를 지나 객체지향 베이스의 마이크로 서비스 방식으로 변화하므로 필요한 서비스를 요청만 하면 되는 시대가 도래하였다([그림 6-3]).

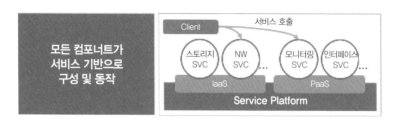

[그림 6-3] 모든 서비스단위 호출

초기의 IT 사용자들은 전산 업무를 하기 위하여 업무용 서버, 백업 서버, 개발용 서버 그리고 재해 복구용 서버를 별도로 구매하고 그에 해당하는 소프트웨어도 각각 구매해야 했다. 클라우드로의 빅뱅은 서버 자원을 효율적으로 사용하고, 장비들이 한꺼번에 장애가 발생하는 경우가 없다고 봐야 한다. 필요한 소프트웨어도 과감하게 줄어든다. 실로 엄청난 IT 구성의 변화를 보는 것이다. 마치 IT가 다이어트를 한 것 같은 느낌을 준다. 불필요한 부분은 없애고 경쟁력은 보강하였다. 이러한 클라우드의 환경에서 더 이상의 차세대에 관한 논의가 필요할지 의문이 들 수 있다. 그러나 누가 뭐래도 확실한 것은 기술과 환경이 변하는 한 차세대급 프로젝트는 꾸준히 필요할 것이다. 그러나 미래의 차세대는 리스크를 감내하는 어려운 결정일 필요가 없다. 사용자 친화적으로 진화한 IT는 상시로 차세대 프로젝트 급의 변화를 제공할 수 있다. 지금부터의 IT는 더 큰 폭의 변화를 이른 시일 안에 수용하고 제공하는 저렴한 사회의 인프라가 될 것이다.

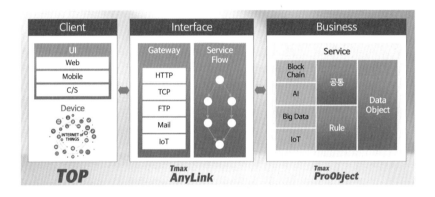

클라우드로 가는 트렌드

ARTIFICIAL INTELLIGENCE

삐딱하게 바라본 4차 산업혁명 : IT

클라우드로 가는 트렌드

줄여서 말하기가 현대를 살아가는 하나의 아이콘으로 자리 잡은 것은 어쩌면 IT가 촉발한 문화적 현상이 아닌가 한다. U2L이라는 작은 트렌드에 대해 쉽게 기술해 보고자 한다. U2L은 'UNIX to Linux'를 줄여서 나타내는 다운사이징의 의미로 통용된다. [그림 7-1]에서 보는 바와 같이 IT의 단계별로 유사한 이름이 붙을 수도 있겠다. M2U는 메인프레임에서 유닉스로의 다운사이징을, U2L을 넘어서 L2C는 리눅스에서 클라우드로의 이전을 의미한다고 확대해서 불러볼 수도 있겠다. 또는 마이크로소프트 시스템에서 범용 리눅스 또는 클라우드로 이전하는 M2L이나 M2C도 만들어 낼 수 있다. 계단형 그래프의 의미는 비용적인 감소, 단위 시스템당 차지하는 용적의 감소, 벤더의 의존성 감소 등을 나타내는 것으로 볼 수 있다. 반대로 복잡도의 증가와 보안 문제의 확산, 개방형 시스템이 가지고 있는 단점이 새롭게 대두되는 반대 시각도 있다.

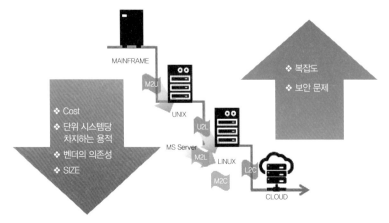

[그림 7-1] 클라우드로 가는 단계별 IT 트렌드

지난 세기에 초기부터 지금까지 사용되어 오고 있는 메인프레임은 폐쇄형 시스템으로 IBM, 후지쯔, 히타치 등의 제조사의 기술에 전적으로 의존하는 시스템이다. 특히 IBM의 경우는 시장에서 독점적인 지위를 상당 기간 누려왔고 지역에 따라서는 지금도 사용 중인 곳들도 상당하다. 이러한 독점적인 상황에 대항하는 대안으로 고려된 것이 유닉스 시스템이다. 유닉스 시스템이 HP, 썬마이크로시스템즈, IBM 등의 글로벌 업체들에 의해 상용으로 개발이 되었음에도 메인프레임의 벽을 넘는 데는 상당한 시일이 걸렸다. POSIX[20]와 같은 개

---

20) POSIX(포직스)는 이식 가능 운영체제 인터페이스(移植可能運營體制 interface, portable oper-
ating system interface)의 약자로, 서로 다른 UNIX OS의 공통 API(Application Programming
Interface, 응용 프로그램 프로그래밍 인터페이스)를 정리하여 이식성이 높은 유닉스 응용 프로그
램을 개발하기 위한 목적으로 전기 전자 기술자 협회(Institute of Electrical and Electronics En-
gineers, IEEE)가 책정한 애플리케이션 인터페이스 규격이다. (출처: 위키백과)

방형 표준을 따르고 있는 유닉스는 전세계의 안티 메인프레임 진영의 강력한 무기이며 현재도 쓰이고 있는 방대한 애플리케이션들의 플랫폼이 되어갔다. 메인프레임 사용자가 유닉스로 이전한다는 개념의 용어는 다운사이징 또는 리호스팅이라고 불렸으며, 한동안 IT의 화두로 회자되었다. 유닉스로의 다운사이징은 하드웨어의 클라이언트/서버 모델과 시스템의 3티어 아키텍처가 가지는 복잡성에도 불구하고 현격한 비용적인 장점과 개방형이라는 개념 때문에 더 이상의 대안이 없을 것 같은 기세로 IT 시장을 점령하였다(그림 7-2).

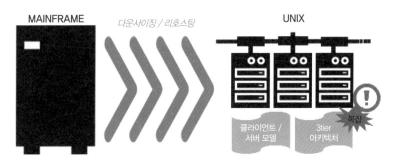

[그림 7-2] 메인프레임의 다운사이징/리호스팅

메인프레임을 2대 사용하던 회사가 유닉스 기종으로 다운사이징한 후 모든 업무가 분산화됐고 상대적으로 처리 용량이 적었던 유닉스 서버의 대수는 기하급수적으로 늘어났다.

유닉스 기종의 서버도 소수의 글로벌 업체에서 공급하다 보니 또다른 메인프레임이 되어갔다. 결코 비용이 줄어들지 않았으며, 불필요하게 네트워크, 데이터베이스, 보안 등의 별도 시스템이 필요하게 되어 어느 한곳의 장애로 전체 업무가 중단될 가능성이 커지게 되었다. 어차피 유닉스 시스템이라는 것이 과거의 메인프레임에 비해서는 여러모로 가벼워 보이긴 하지만 대량으로 생산되고 개인도 사용하는 범용 장비로의 확산에는 한계가 있었다. 사람이 만든 한계는 언젠가는 사람이 해결하기 마련이다. 그런 이유에서인지는 몰라도 1991년 리누스 토발즈가 유닉스 기반의 개인용 운영체계인 리눅스를 발표하기에 이른다. 개방형 시스템인 리눅스는 응용 소프트웨어 개발자들의 열렬한 지지와 오픈소스의 바람을 타고 메인프레임과 유닉스로 양분된 시장을 파고들었다. 무료라는 강력한 무기를 내세워 IT와 시스템이 포함된 가전제품, 자동차, 셋톱 장비 등에 어느새 슬그머니 침투해 있다.

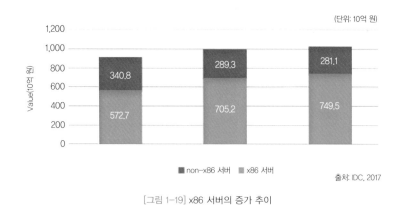

[그림 1-19] x86 서버의 증가 추이

유닉스 시스템은 RISC[21] 계열의 전용 프로세서를 사용한다는 점에서는 개방형 시스템이라고 하더라도 벤더의 종속성을 피할 수는 없었다. 또한 최고 사용률을 고려해서 시스템 용량을 산정하는 방식이 메인프레임 시절과 동일하게 적용되고 있어서 평소에는 사용되고 있지 않은 장비에 대한 비용이 절감의 대상으로 오랫동안 문제점으로 존재해왔다. 통상 CPU의 업무 부하율은 최고로 높아야 50%가 넘지 않도록 권장되어 왔다. 하나의 업무를 처리하기 위해서는 운영 서버, 백업 서버, DB 서버, 애플리케이션 서버 등이 필요한데 경우에 따라 필요한 용량의 2배의 비용이 들어가고, 관련된 소프트웨어와 유지 정비 비용도 추가로 발생하는 돈 먹는 하마 같은 구조였다.

리눅스는 범용 x86 장비를 사용함으로써 하드웨어와 운영체계가 모두 개방된 모습으로 완성이 되었다. x86 장비와 리눅스 운영체계를 기반으로 과거 메인프레임에서 처리해 내던 업무를 해낼 수 있을까 하는 의문은 가상화 기술의 완성과 아주 강력하고 유연한 클라우드의 등장으로 해소되었다. 시스템 벤더들은 자사의 모든 이기종 시스템이 클라우드 내에 혼재하는 나름 환상적인 솔루션을 제공한다고 하지만, 대부분의 시스템 사용자들은 다운사이징 때와 마찬가지 이유로 U2L을 심각하게 고려하고 있으며 동시에 클라우드의 도입도 현실적인 대안으로 실험 중이다. 클라우드의 비용 절감 효과에 관해

---

21) RISC(Reduced Instruction Set Computer, 축소 명령어 집합 컴퓨터)는 CPU 명령어의 개수를 줄여 하드웨어 구조를 좀 더 간단하게 만드는 방식으로, 마이크로프로세서를 설계하는 방법 가운데 하나이며, SPARC, MIPS 등의 아키텍처에서 사용된다. (출처: 위키백과)

서는 메인프레임과 유닉스시스템 같은 온프레미스[22] 시스템이 가지고 있던 불필요한 시스템 용량에 따른 비용 문제가 말끔히 해결되었다. 오토스케일링(Auto Scaling) 기능으로 필요한 추가 용량을 사용하는 만큼만 비용을 지불하는 방식이 가능해졌기 때문이다.

IT 세상이 변해오는 것과 마찬가지로 IT 이외 것의 변화도 무시할 수 없으며, 둘이 상호작용을 하기도 한다. 세상은 빌려 쓰는 추세가 대세이다. 집, 자동차, 가구와 같은 전통적인 구매 대상이 임대의 대상으로 바뀌고 있다. 구매라는 단어를 고집하면 주거 서비스, 운송 서비스, 가구 렌탈 서비스를 구매하는 것으로 바꾸어 말할 수 있겠다. 클라우드의 세상에서는 IT 서비스를 구매하게 된다. IaaS에서는 필요한 하드웨어 자원을 할당해서 사용하고, PaaS에서는 시스템 개발과 운영에 필요한 플랫폼 서비스가 구비되어 있으며, SaaS 영역에서는 업무 프로그램들을 손쉽게 가져다 쓸 수 있다([그림 7-4]).

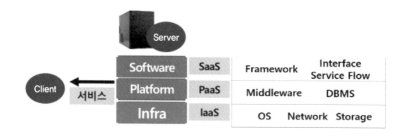

[그림 7-4] 클라우드 서비스의 구성요소 – IaaS, PaaS, SaaS

---

22) 온프레미스(On-premise)는 소프트웨어를 서버에 직접 설치해 쓰는 방식이다. (출처: 지형 공간정보체계 용어사전)

사업을 시작하려는 개인은 매장을 여는 대신 클라우드의 SaaS 영역에서 활동하는 것으로 지역적인 제약을 뛰어넘을 수 있다. 조만간 클라우드 내의 인공지능 개인비서 서비스가 본격적으로 판매된다면 모든 금융 및 투자 업무를 최적의 알고리즘으로 처리할 수 있게 되고, 개인들의 생활 방식과 기업의 비즈니스 방식도 창조적인 방향으로 바뀌게 될 것이다. 아침에 모니터를 켜는 순간 상당한 부분의 개인 업무들이 이미 처리되어 있고, 개인들의 업무효율이 향상하면서 여가시간은 획기적으로 늘어날 것이다.

생활 속의
클라우드

ARTIFICIAL INTELLIGENCE

삐딱하게 바라본 4차 산업혁명 : IT
생활 속의 클라우드

가상의 스타벅스 매장으로 들어가 본다. 매장은 각종 센서와 네트워크로 보이지 않는 거미줄을 이루고 있다. 입구에 설치된 비콘[23]은 음료의 주문을 비동기적으로 처리해서 손님과의 연결을 스마트하게 해준다. 물론 각종 핀테크 기술로 비용의 지불도 사람이 관여하지 않는 방향으로 바뀌었다. 고객은 아무 곳에서나 음료를 주문하고 스타벅스에 들어서는 순간 자동으로 주문한 음료가 나온다. 비용은 전자 지갑에서 저절로 지불되며 영수증이 스마트폰에 전달된다. 이제 스타벅스는 단순한 커피숍 기능에서 안락한 의자와 사회관계의 편의성을 제공하는 서비스 플랫폼으로 진화한 것이다.

스타벅스에 앉아 있는 사람들의 모습도 변하였다. 과거 삼삼오오 모여서 차를 마시며 담소하는 모습에서 지금은 대부분이 스마트폰이나 노트북을 펼쳐놓고 혼자서 뭔가를 하고 있다. 시간을 죽이려고 게임을 즐길 수도 있고, 학교 과제를 하는 학생도 있을 것이며, 현장

23] 비콘(Beacon)은 근거리에 있는 스마트 기기를 자동으로 인식하여 필요한 데이터를 전송할 수 있는 무선 통신 장치이다. 블루투스 비콘(Bluetooth Beacon)이라고도 한다. (출처: 위키백과)

에서 업무를 보는 사람도 있을 것이다. 아무것도 하지 않으면서 커피만 마시는 사람은 좀처럼 보이지 않는다. 스마트폰이든 노트북이든 모든 전자장비는 어딘가에 연결되어 있다. 통신사 포털, 게임 포털, 학교 앱, 회사 CRM 시스템 등일 것이다. 과거에는 그러한 것들은 특정 기관의 서버로 구성되어 있어서 물리적인 위치가 바로 특정 기관의 데이터센터였다. 클라우드가 활성화된 지금은 글로벌 클라우드 서비스 프로바이더의 클라우드 센터로 바뀌었다.

　도대체 클라우드의 내부가 어떻게 생겼는지 어떤 서비스를 얼마에 제공하는지 궁금하기 짝이 없다. 클라우드는 사용자가 기존에 사용해왔던 기기의 화면과 동일하다고 보면 좋을 것이다. 새로운 환경으로 바뀌었다고 사용방법이 크게 다르지는 않다. 확 바뀐 것은 사용자들의 손에 들려진 전자장비의 화면이다. 스마트폰에 존재하는

수십 개의 앱들과 노트북에 개별적으로 설치된 개인용 프로그램들이 모두 사라져서 접속하는 클라우드 속으로 들어간 것이다. 따라서 개인적인 전자장비들의 사양은 모니터 수준으로 줄어도 가능해지는 세상이 도래했다. 접히는 모니터가 시판되거나, 가상화 기술의 발달로 영화에서처럼 홀로그램이 상용화되는 시점이면 지금과는 또 다른 세상이 펼쳐질 것이다. 또한 집집마다 각 방에 있는 텔레비전은 클라우드에 접속 가능한 훌륭한 단말기로 용도가 변경될 것이다.

그렇다고 하더라도 클라우드로의 변경이 세상을 바꿀 수 있는 장점이 있어야 개인이나 조직의 자발적인 이동이 일어날 것이다. 몇 가지 시나리오로 장점을 나열해 보겠다. 학교에는 상당한 수의 개인용 컴퓨터와 교육에 필요한 프로그램들이 각각 설치되어 있다. 학교 내의 프라이빗 클라우드가 구성된 경우라면 개별적인 프로그램의 설치는 필요 없다. 학생 개인의 식별번호로 클라우드에 접속해서 수업과 학사 업무를 보는데 아무런 무리가 없다. 개인용 컴퓨터도 필요 없다. 모니터와 키보드, 마우스, 개인용 저장장치인 USB 정도면 충분하다. IT 장비를 구매하는데 들어가는 학교의 예산은 상당히 줄어들 것이며, 개별 컴퓨터에 설치된 프로그램들의 오류로 인한 문제도 사라질 것이다.

일반 시민의 생활은 어떠한 변화가 있을 것인가? 스마트폰의 자료들이 모두 클라우드에 저장되어 있으므로 단순 기기인 스마트폰 자체는 실수로 분실되어도 걱정할 필요가 없다. 대신 스마트폰은 블록체인 기술의 대중화로 개인을 식별하기 위한 정보 일부가 저장되어 있을 수 있지만, 이 또한 유사시에는 복구가 가능할 것이다.

클라우드 속에는 오프라인상의 모든 서비스가 구현되면서 사람들이 실제로 공간상에서 이동하면서 처리해야 할 필요가 없어졌다. 모든 비즈니스는 O2O[24] 개념으로 진화했기 때문에 개인적인 필요에 의해서만 오프라인의 마켓이 활용된다. 서비스의 수준도 향상될 것이다. 의료기록을 보험사에 제출해야 하는 경우, 클라우드 내의 가상 병원에 접속해서 신청하기만 하면 서비스 완료 통보를 인스턴스 메시지로 받는다. 결혼식이나 제사 같은 지극히 개인적인 이벤트도 클라우드 상에서 중계 방송되고, 평소에 네트워크가 있었던 지인들에게 초청장이 발송되며, 가상의 결혼식은 오프라인에서와 마찬가지로 진행된다. 부조금의 송금 서비스도 물론 따라간다. 오프라인 결혼식 풍속은 언젠가는 추억으로 남을지도 모르겠다.

기업의 입장에서 클라우드의 활용은 마케팅적인 면에서 즉각적인 효용성을 발휘한다. 항공사가 하와이행 비행기 표를 50% 할인하고 호텔도 무료로 제공하는 특별 이벤트를 한시적으로 진행한다. 전세계의 사람들이 비행기 표를 구매하고자 경쟁적으로 항공사의 시스템에 접속한다면 항공사의 전산 시스템은 즉시 마비될 것이다. 그렇다고 예측이 어려운 대규모의 시스템을 구매하는 것도 실효성이 떨어진다. 이 경우에 공공 클라우드의 힘을 이용한다면 간단하게 문제

---

24) O2O(Online to Offline)는 이용자가 온라인으로 상품이나 서비스를 주문하면 오프라인으로 이를 제공하는 서비스. 음식 배달, 택시 호출, 숙박 예약 앱 등의 대표적인 예이다. (출처: 두산백과)

를 해결할 수 있다. 클라우드가 가진 오토 스케일링 기능으로 얼마든지 순간적인 업무 부하량의 증가에 대응할 수 있기 때문이다. 항공사 입장에서는 일시적인 이벤트를 수용할 수 있는 가변적인 IT 자원을 사용하는 방안은 불필요한 인프라의 영구적인 확충을 대신하는 스마트하고 현실적인 대안이다.

현재까지 개발되어 사용되고 있는 모든 IT 관련 기술은 모두 클라우드 속에서 재해석되고 다시 포지셔닝 될 것이다. 또한 오프라인 상에서의 이벤트는 클라우드 상에서도 동시에 일어날 것이다. 가능한 모든 이벤트와 서비스가 클라우드에서 발생하는 것은 사생활 침해의 소지가 많기는 하겠지만, 클라우드의 영향력은 우주의 블랙홀과 같이 주변의 모든 것들을 순식간을 빨아들일 것이며 사회적 경제적 구조를 바꾸게 될 것이다. 4차 혁명의 마무리는 감히 클라우드의 완성으로 볼 수도 있겠다. 전세계의 결혼식이 한국의 클라우드에 있는 O2O 예식장을 이용하는 상상을 해본다. 클라우드 상에서의 경쟁력 평가는 기존의 산업 질서를 다시 원점으로 돌려놓을 수 있다. 그래야 진정한 4차 산업혁명의 종결자라 할 수 있을 것이다.

CHAPTER
009

데이터의 양과
처리 속도

HELLO !!!

ARTIFICIAL INTELLIGENCE

삐딱하게 바라본 4차 산업혁명 : IT
데이터의 양과
처리 속도

속도가 느린 미사일로 최신의 2배 빠른 미사일을 격추할 수 있을까? 어려운 물리 시험 문제이거나 고승의 화두처럼 보인다. 비전문가적인 견해를 이용해서 이론적으로 가능한 시나리오를 만들 수도 있지만, 실전에서는 그리 가능해 보이지 않는다. 빠른 미사일의 탄도를 예측하고 느린 미사일의 속도를 감안해서 미리 가서 기다린다면 가능할 법도 하다. 그러나 최신의 미사일도 인공위성과 각종 센서 기능으로 지능적인 비행을 한다면 요격은 불가할 것이다. 빠른 미사일은 당연히 속도만 빨라서는 안 된다. 목표를 성공적으로 달성하기 위해서는 순간적으로 더 많은 데이터를 상대적으로 짧은 시간에 처리해야 한다. 창과 방패의 모순은 대결 구도를 만들고 서로를 부수면서 지속해서 발전해 가고 있다.

1980년대의 오락실은 공룡 시대의 오락기기들로 가득 차 있었다. 일방적으로 프로그래밍 된 조이스틱과 버튼 하나만으로 소통하는 게임에 어린이들이 열광했다. 그리고 얼마 지나지 않아 두 명이 동시에 플레이하면서 버튼이 여러 개 달린 게임이 등장했다. 지금은 인터넷으로 연결된 게임에 불특정 다수가 동시에 게임을 진행한다. 게임을 잘하기 위해서는 단순히 숙련된 반복이 아니라 고도의 전략과 협업이 필요하게 됐다. 게임 아이템을 사고팔기도 하며 기만 전술을 동원하기도 한다. 게임 속에서는 여러 사람의 생각이 데이터로 실시간적으로 반영되고 스스로 학습하는 인공지능이 동시에 작동한다. 이 또한 주고받는 데이터의 양이 다자간 양방향으로 방대해진 경우이다[그림 9-1].

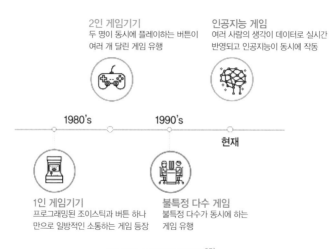

2인 게임기기
두 명이 동시에 플레이하는 버튼이
여러 개 달린 게임 유행

인공지능 게임
여러 사람의 생각이 데이터로 실시간
반영되고 인공지능이 동시에 작동

1980's   1990's

현재

1인 게임기기
프로그래밍된 조이스틱과 버튼 하나
만으로 일방적인 소통하는 게임 등장

불특정 다수 게임
불특정 다수가 동시에 하는
게임 유행

[그림 9-1] 게임의 변천사[25]

간단한 트랜지스터의 출현 이후 100년도 되지 않아서 모든 기기는 기계와 전자부품을 결합한 모습으로 변화했다. 이중 전자부품은 어

25) Created by Eucalyp, Freepik & Payungkead from Flaticon

러 가지 모습으로 데이터를 만들어내고 있다. 과거에는 이러한 데이터는 자연발생 데이터로 간주해서 저장도 하지 않았고 어디에 사용해야 하는지에 대한 고민도 하지 않았다. 물론 지금도 발생되고 있는 모든 데이터를 유효한 데이터로 인지하고 나중에 쓰려고 저장까지 하고 있지는 않다. 그러나 세상에 의미 없는 데이터는 없다고 본다. 따라서 사소한 의미라도 부여할 수만 있다면 적어도 모니터링하고 관리하는 대상이 될 수 있으며, 저장은 하지 않더라도 실시간으로 분석의 대상으로 볼 가치는 있을 것이다. 이러한 생각은 물론 컴퓨팅의 기술과 경제성이 뒷받침되기 때문에 가능해진 것이다. 지금까지 만들어진 트랜지스터의 개수는 인류가 지금까지 수확한 쌀알의 개수보다도 많다고 한다. 그리고 사용되는 데이터는 아주 일부일 뿐이다.

전세계적으로 데이터의 총량은 요타바이트(1000조 GB)와 브론토바이트(100경 GB)로 표시되는 어마어마한 양이 될 것으로 예측된다. 단위가 생소하겠지만 개인들이 만들어내는 데이터를 예로 들어보자. 32GB 메모리의 스마트폰이 사진과 각종 데이터로 소진되는데 2년이면 충분하다. 그러한 개인이 별도의 개인용 컴퓨터에서 동일한 용량의 저장공간을 더 빠른 속도로 소진하고 있다. 또한 주기적으로 실시하는 종합 검진 결과는 검사하는 과정에서 엄청난 양의 중간 데이터를 생성한다. 일상생활 속에서 SNS, 전자 메일 등으로 만들어내는 데이터 또한 엄청나다. 사회생활, 학교, 직장 등에서 알게 모르게 상당한 양의 데이터를 만들어내고 있으며, 어딘가에 저장되고 있다. 이러한 데이터들의 모음을 데이터 호수라고 부르는 경우도 있다. 이러한 데이터를 좋은 곳에 이용한다면 빅데이터를 이용한 범죄 예방, 더 정교한 신용 평점 모형의 완성, 유행병의 확산 예상 경로, 개인적인 질병의 예방 등 산업과 일상생활 전반에 걸친 혁신적인 변화가 가능해진다([그림 9-2]).

[그림 9-2] 빅데이터 혁신의 사례[26]

　　프로그램을 처음 배울 때 반복적인 작업을 처리하는 방법을 배우게 된다. 데이터가 자동으로 생성되는 것을 처음으로 경험하는 순간이다. 머신러닝과 인공지능 시대인 지금은 알고리즘과 기초데이터를 바탕으로 무한대의 데이터를 인식조차도 할 수 없는 짧은 시간

---

26) Created by Smashicons, Freepik, Dave Gandy & Creaticca Creative Agency from Falticon

에 양산해 내는 지경에 이르렀다. 데이터가 너무 많다 보니 데이터가 무엇을 의미하는지 알 수 없어서 데이터의 데이터라고 할 수 있는 메타데이터까지 등장하고 있고, 심지어는 메타데이터만 존재하는 경우 그 자체를 분석의 대상으로 삼기도 한다. 현재는 과거와 같이 프로그램 언어를 배울 필요는 없어졌다. IT의 모든 필요한 기능은 클라우드에서 가져다 쓰면 되는 서비스 방식으로 변화돼 IT를 잘 모르는 사람도 적극적인 데이터의 생산자가 됐다. 스마트폰의 확산으로 모든 개인의 손에 전화기와 카메라가 들려진 것과 마찬가지로 과거의 컴맹들도 데이터를 소모하고 생산하는 보편적 생활의 수준이 향상됐다. 스마트폰이나 IT 인프라도 빌려 쓸 수 있는 세상이니 온통 데이터와 서비스의 세상이라고 봐도 되겠다.

　IT를 통해 세상은 연결됐다. 네트워크를 통해 서버들끼리의 연결이 가능해졌으며 무선 통신망과 스마트폰의 기여로 모든 사람이 연결되는 세상이다. 지금은 사람과 사물 또는 사물과 사물 등 모든 객체가 연결이 되고 원격으로 관리되는 초연결의 세상으로 변화하는 과정으로 볼 수 있겠다. 수년 전 모든 사람은 6단계만 거치면 연결된다는 이론이 세간에 회자됐지만 지금은 3단계 이내로 줄어들었다고 해도 과언이 아닐 것이다. 소통의 네트워크는 최대한으로 확대됐으며 통신 속도는 2배 이상 빨라졌다. 유출된 개인정보는 불특정 다수에게 순식간에 퍼질 것이고, 이미 퍼진 자료는 되돌리기 어렵다〔그림 9–3〕.

[그림 9-3] 초연결 사회[27]

    데이터를 잉태하고 출산하는데 더 이상 사람의 손이 관여하지 않고 컴퓨터와 프로그램만으로도 가능한 세상이 도래했다. 지구와 화성의 하루는 시간상으로 틀림없이 다르다. 마찬가지로 데이터의 하루의 길이는 인간의 하루보다 상대적으로나 절대적으로나 순간으로 측정될 것이지만 데이터의 수명은 인간의 수명보다 길 수밖에 없다. 우리 시대에 만들어지는 데이터들은 다음 시대에 빅데이터의 원천으로 사용될 것이다. 미래의 데이터는 더욱더 빠른 속도로 생성되고 변화할 것이다. 미래의 조상으로서 현재를 사는 우리들이 후손들에게 유용한 데이터를 물려주어야 하는 약간의 의무감이 드는 대목이다.

---

27) Created by Gregor Cresnar, Pixochris, Simplelcon, Gregor Cresnar, Freepik & Rami McMin fromFlaticon

CHAPTER
010

4차 산업혁명과
IT

ARTIFICIAL INTELLIGENCE

4차 산업혁명과 IT

요즘이 4차 산업혁명의 시대라고 한다. '혁명'이라는 수식어가 붙을 정도로 엄청난 변화가 있는 것일까? 산업혁명의 시작은 1700년 대 영국에서 일어났다. 제임스 와트가 증기기관을 개량해서 면직물을 만들어내는 기계를 만들어 대량생산의 시대가 열렸다. 이를 계기로 사람의 노동력을 대체하는 기계화가 촉발되었으며 경제, 사회, 정치적인 변화를 이끌어내기에 이르렀다. 그때부터 현재까지 자동차의 출현은 아스팔트 도로를 만들게 했으며 여러 연관 산업을 재편하는 계기가 됐고, 컴퓨터의 출현으로 가상의 세계가 현실로 다가오게 됐다. 산업혁명 시대를 대표하는 플래그십 상품들이 출현했던 시대의 전후는 인류의 전반적인 역사에서 상당한 차이를 보인다. 4차 산업혁명의 요소들은 IoT(Internet of Things), 빅데이터와 인공지능, 모바일, 클라우드로 정의되고 있다([표 10-1]).

이러한 요소 기술들이 지금 시기의 전후를 확연히 구분 지을 수 있을까? 아니면 거꾸로 생각해서 4차 산업혁명의 결과가 어느 정도가 되어야 진정한 혁명이라 부를 수 있을까 생각해보자.

IoT	사물인터넷: 사물에 센서가 부착되어 실시간으로 데이터를 인터넷 등으로 주고받는 기술이나 환경을 의미
빅데이터	디지털 환경에서 생성되는 다양한 형태의 데이터를 의미하며 그 규모가 방대하고 생성 주기도 짧은 대규모의 데이터를 의미
인공지능	인간의 학습, 추론 지각능력을 컴퓨터 프로그램으로 실현
모바일	정보통신에서 이동성을 가진 것의 총칭
클라우드	하드웨어, 소프트웨어 등 각종 정보통신 기술을 통신망으로 연결해 이용하는 서비스

[표 10-1] 4차 산업혁명의 요소

모든 사물이 인터넷으로 연결된다는 IoT(그림 10-1). 다양한 프로토콜을 가진 모든 기기를 연결하는 것이 과연 필요한가? 지나치게 과도한 데이터를 양산하는 것은 아닌지 한편으로는 의심스럽기도 하다. 집안의 가전제품들이 모두 인터넷으로 연결된다면 일상생활이 어느 정도로 바뀌게 될 것인가? 제일 먼저 생각해 볼 수 있는 것은 연결된 기기들의 모니터링이 된다는 것이다. 기기들의 상태와 사용되는 빈도 등의 데이터를 볼 수 있다. 그리고 원격으로 제어가 가능해진다. 이것의 의미는 컴퓨터에서 두 가지 일을 동시에 처리하는 가상화 기능이 집안일을 하는데 적용된다는 의미이다. 교회에서 예배 드리면서 세탁기를 돌리고, 쓸데없이 돌아가고 있는 아들 방의 컴퓨터 전원을 끌 수 있다. 스마트한 냉장고를 사용하고 있다면 집에 가는 길에 냉장고에 채워 넣을 필요한 먹거리를 살 수도 있다. 이러한 부분에 이용되는 데이터는 필요에 따라 저장되기도 하고 버려

지기도 한다. 빅데이터 분석과 연결된다면 좀 더 스마트한 가정이 될 수도 있겠다.

[그림 10-1] 모든 사물이 인터넷으로 연결되는 IoT

요즘 빅데이터와 인공지능이 화두다. 초대용량의 데이터 처리를 통한 인사이트의 재발견과 사람을 대체할지도 모르는 인공지능의 대두는 서로 밀접하게 연결됐다. **인공지능의 인프라가 빅데이터 그 자체이기 때문이다.** 자동차를 예로 들면 10년 전의 자동차는 기계 공학의 총화로 모든 부품이 기계의 부속품이며 고장이 나도 부속을 바꾸면 그만이었다. 그러나 현재의 자동차는 전자장비로 주소를 바꾼 지 꽤 오래되었다. 프로그램의 이상으로 고장이 생길 가능성이 상당해졌다는 것이다. 자동차는 운전자의 운전 패턴을 학습해서 최적의 차량 상황을 유지하려는 시스템이 구동 중이다. 무인 자동차가 거리에 넘쳐나는 세상이 오면 한 대의 자동차가 실시간으로 생산하고 주변과 소통하는 데이터의 양은 실로 엄청날 것이다. 자가용 경비행기의 시대도 그리 멀지 않았다. 2차원인 도로와 3차원인 공간에서의 데이터 차이는 가히 짐작하고도 남음이 있을 것이다. 또 인공지능이 보편화된 사회는 외국어 습득이 필요 없어질 것이다. 구글과 연결된 작은 이어폰 하나면 동시통역이 이뤄지므로 해외 어디든 언어의 문제 없이 여행이 가능해진다. 사실 인공지능의 완성 하나만으로도 한 단계의 산업혁명이 가능하다고 볼 수 있다고 생각한다[그림 10-2].

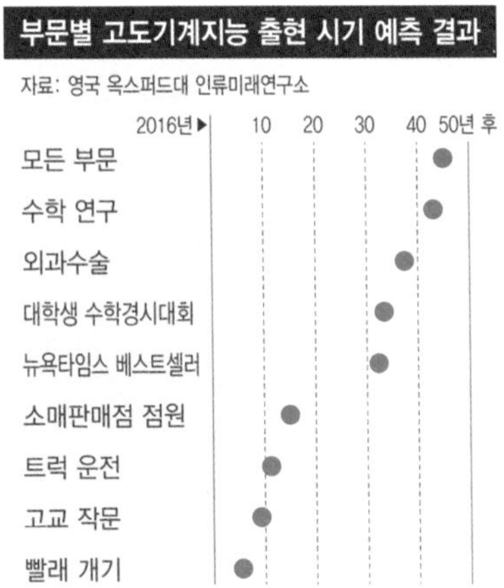

[그림 10-2] 부문별 인공지능 출현 시기 예측 결과

모바일로 불리는 스마트폰의 탄생은 개인 간의 연결에 있어서 기존의 네트워크를 넘어서는 연결을 가져왔다. 스마트폰 속에는 지갑, 쇼핑몰, 업무공간, 개인정보 등등 엄청난 기능이 들어있다. 핀테크

를 이용해서 은행거래를 하고 주식투자도 한다. 은행과 증권회사에 접속하는 정도가 아니라 그러한 기관들이 통째로 스마트폰 속으로 들어온 것이다. 가히 1980년대의 대형 컴퓨터를 개인들이 손안에 들고 다닌다고 생각해도 될 것이다. 따지고 보면 스마트폰에서 하는 일이 더 많을 수도 있겠다. 세계에는 사람 수보다 많은 수의 스마트폰이 쓰이고 있으며, 이들은 각종 네트워크로 연결되어 있다. 또한 사람들이 하루에 스마트폰을 만지며 살아가는 시간은 점점 늘어나는 추세이다. 과거에 TV를 바보상자라고 부르던 시절이 있었다. 지금은 스마트폰이 그러하다. 걸어가면서 밥 먹으면서 공부하면서 일하면서 잠자기 직전까지 손에서 스마트폰을 놓지 않으려는 사람들이 많으니 새로운 사회적 변화를 만들어낸 것이라고 본다([그림 10-3]).

[그림 10-3] 새로운 사회적 변화를 만들어낸 스마트폰

마지막 주자인 클라우드는 IT가 서비스를 제공하는 마지막 종착역일 것이다([그림 10-4]). 특정 업체의 기술에 종속되지 않고 표준 기술을 이용한 클라우드는 이미 우리의 생활 깊숙이 들어와 있다. 스마트폰의 앱은 전부 업체의 클라우드에서 다운로드하는 것이고, 게임을 즐기는 사람들은 클라우드 속에서 전세계의 사람들과 무제한적인 네트워킹을 하고 있다. IT가 비용적으로 부담이 되는 회사들은 데이터센터를 통째로 퍼블릭 클라우드로 이전했다. 그런 김에 비즈니스도 클라우드 안에서 하는 기업도 상당히 많다. 중위권 대학들은 모두 하나로 묶어서 클라우드 내의 강의실에서 공동으로 강의를 듣고 학점을 공유하게 될지도 모르겠다.

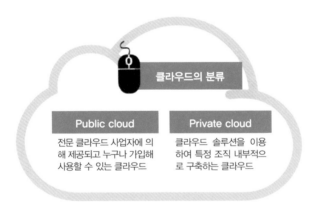

[그림 10-4] 클라우드의 분류

클라우드의 기술적인 부분은 5가지의 계층으로 나누어 볼 수 있다. 첫째로 사람들이 접속하는 클라이언트의 UI가 IoT를 포함해서 다양해질 것이다. 둘째로 데이터를 주고받는 인터페이스가 웹을 포함한 통합 채널 플랫폼으로 구성될 것이다. 셋째로 비즈니스 단계는 클라우드 기반의 서비스 플랫폼이 담당할 것이다. 넷째와 다섯째는 데이터 서버와 스토리지 서버인데, 이 둘을 분리하고 스토리지 서버의 가상화로 빠른 속도의 데이터 처리와 손쉬운 용량의 변동이 가능해진다(그림 10-5).

UI   Interface   Service platform   Data server   Storage server

[그림 10-5] 클라우드의 5가지 단계

4차 산업혁명의 마지막 단계는 모든 요소별 IT의 기술이 완성된 클라우드 속에서 볼 수 있을 것이다. 그동안은 세계적인 IT 메이커들이 지배하던 세상이 있었다면, 현재는 글로벌 IT 서비스 업체들이 지배하는 세상으로 바뀌었으며, 시간도 그리 오래 걸리지 않았다. 언젠가는 5차 산업혁명의 미래도 오겠지만 인공지능 등의 기술이 아직은 초보적인 단계이므로 한동안은 현 단계에서 부분적인 기술적 진보를 접하게 될 것이다. 그래도 기술의 발전 속도는 과거 어느 때보다 빠를 것이므로 현재의 얼리어댑터가 미래의 보편적인 사람이 될 것이다.

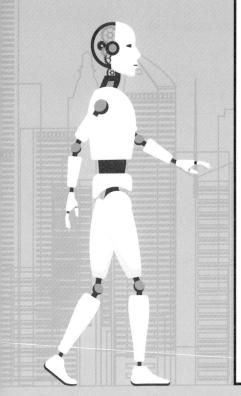

CHAPTER
011

인공지능 시대의
학습방법

ARTIFICIAL INTELLIGENCE

인공지능 시대의
학습방법

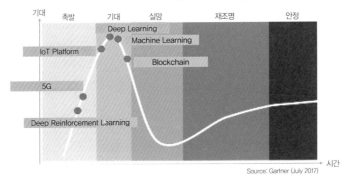

[그림 11-1] 머신러닝은 현재 기대되는 기술로 분류되어 있다

4차 산업, 빅데이터 그리고 인공지능이라는 물결이 모든 매체에 중
요한 어젠다로 다루어지고 있다. 여기에서 공통으로 쓰이는 중요한
학습기법이 소위 머신러닝이라고 불리는 기계학습이다. 기계학습은
컴퓨터가 데이터로부터 특정 패턴을 학습하고 새로운 정보를 만들
어내는 알고리즘이라고 볼 수 있다[그림 11-1]. 구글의 검색엔진, 아마
존의 상품추천기술, 페이팔의 사기방지, 재규어 자동차의 개인화된

품질개선, 시스코의 유망잠재고객 발굴모델, 캐롤라이나 병원의 퇴원 결정 시스템 등에 머신러닝 기법이 직간접적으로 사용되고 있다. 결과적으로는 인공지능이 스스로 학습해서 점점 똑똑해지는 과정이라 할 수 있다. 기술의 발달 속도가 가속도의 개념을 가지고 진보함으로써 멀지 않은 시기에 상당한 수준의 인공지능(그림 11-2)을 맞이할 마음의 준비를 해야 할 것이다.

[그림 11-2] 인공지능 개념도

머신러닝의 주요한 골자는 최적화와 반복이다. 최적화는 복잡해서 손으로 하기 힘들고, 반복적인 작업은 시간의 문제로, 컴퓨터의 도움을 받아야 효과적으로 수행할 수 있다. 두 가지 요소는 모두 새로운 지식과 예측에 있어서 정밀도와 안정성을 추구한다. 그러나 사람이 학습하는 방법과는 상당히 다른 과정을 보인다. 그리고 그러한 결과들이 인간의 지식 습득과정에 영향을 미치고 있다. 사람들은 보통 인과관계나 특징적 의미를 가지고 지식을 습득한다. 그러나 기계는 이러한 과정을 건너뛰어서 결과적 패턴의 유사성으로 지식을 쌓아간다. 예를 들어 인공지능 데이터베이스에서 열대야와 유사한 내용을 검색해보자. 시금치라는 단어가 87%의 유사성을 가지고 등장한다. 알고 보니 열대야가 자주 나타나는 날짜의 그래프와 시금치의 가격을 나타내는 그래프가 상당히 일치하는 것을 볼 수 있었다. 실제로 지난 여름 폭염과 가뭄으로 시금치 가격이 57% 올랐다. 사람은 시금치의 성장에 기상적인 요인이 중요하다고 이해하고 있지만, 인공지능은 그래프의 유사성으로 결론적인 사실을 지식으로 축적하게 되는 것이다. 시금치의 사례로 본다면 채소류의 가격이 어떻게 움직이는지 또한 다른 요인과 어떠한 유사성이 있는지 연관 지식이 없더라도 순식간에 알 수 있게 되는 것이다(그림 11-3).

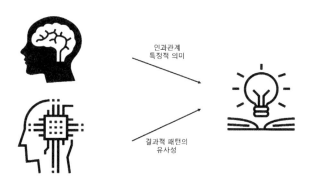

[그림 11-3] 인간과 AI 지식 습득 방식 차이

인공지능으로 가는 길목에서 챗봇(Chatbot)에 대한 관심이 뜨겁다. 문자로 주고받는 채팅을 사람과 사람이 아닌 사람과 로봇이 하는 시스템을 말한다. 여기에 머신러닝 기법이 사용되고 있다. 초기의 챗봇 시스템은 고객들이 어떤 질문을 할지 알 수 없다. 그러나 시간이 지나면서 그간에 고객들이 질문했던 내용을 지식으로 쌓아서 일정시간이 지나면 어지간한 질문은 적절히 답하는 수준에 이르게 된다. 인공지능이 실현되면 사람들의 일자리가 없어지게 될 것이라는 사실이 부분적으로 드러나는 단면이다. 고객의 불만을 전화로 응대하던 콜센터 직원의 수가 줄어들고 있는 것도 사실이다. 그러나 아직은 이러한 초보적인 시스템도 한계가 있을 수밖에 없다. 고객의 질문에 수동적으로 응답하거나 단계적으로 답을 찾아가는 시나리오 제공 수준에 머물고 있다. 중장기적으로는 고객에게 의도적인 질문을 던져서 필요한 정보를 뽑아내거나 고객의 감성적인 부분에 공감대를 형성하는 수준까지 가는 것을 목표로 하고 있다.

이미 학생들은 공부하는 도구로 머신러닝 기법이 적용된 구글이나 네이버의 포털 검색을 이용하고 있다. 사용자가 원하는 내용을 입력하기만 하면 엄청난 양의 데이터 정보가 몰려온다. 어떤 것을 볼 것인지는 사용자의 몫이다. 이렇게 불특정 다수를 대상으로 지식을 제공하는 포털 서비스와는 다르게 특정 상품이나 콘텐츠를 제공하는 상업적인 서비스 업체라면 고객들의 개인화된 특성을 파악해서 개인별로 다른 화면과 정보를 경쟁적으로 제공한다. 머신러닝 기법으로 지식을 축적하고 머신러닝 기법으로 고객을 분류한 후 개인화된 정보를 제공하며, 보다 정확하고 빠른 전달력을 가진다(〔그림 11-4〕).

개인화 마케팅

▶ 실시간으로 변화하는 **고객**의 니즈에
▶ 부합하는 **맞춤형 콘텐츠를 제공**

[그림 11-4] CRM 개인화로 점점 개인에 맞춰진 정보를 제공하게 된다

　IBM의 인공지능 기기인 왓슨은 지식의 축적을 위해서 대학 강의도 수강하고 있으며, 새로운 의학 정보 취득을 위해 관련 논문 자료의 입력도 지속해서 하고 있다고 한다. 마치 인간이 지식을 습득하는 듯하지만 왓슨 내부에서는 역시 기계가 지식을 축적하는 방식을 가질 수밖에 없다. 머신러닝을 통한 지식의 축적이 가속화되는 계기는 인간을 통한 자료의 주입 단계를 지나 인간의 말을 바로 알아듣고 정보로 만드는 기술의 발전에 있다. 언어와 상관없이 말을 문자로 바꾸고(STT, Speech to Text) 또는 문자를 말로 바꾸는(TTS, Text to Speech) 기술이 초보적이지만 여러 분야에서 시험적으로 적용되고 있다. 인간의 언어가 점차로 기계의 인공지능과 연결되면서 인간과 비슷하거나 또는 뛰어난 결과를 나타내는 사례들이 등장하고 있다.

[그림 11-5] 챗봇(Chatbot)

인공신경망[28] 분야에서 기계학습의 하나인 딥러닝이 발전되어 왔다. 딥러닝을 통한 기계학습은 보다 복잡하고 어려운 문제도 효과적으로 해결할 수 있도록 해준다. 이를 보여주는 사례로 딥러닝을 이용한 이미지 인식 분야의 발전은 상당한 진보를 이루었다. 인공지능에게 특정한 사진을 보여주면 사진의 내용을 글로 서술해준다. 글만 읽어보아도 그림을 보는 듯하다. 그 정도의 묘사 실력이 되려면 고등학교 이상의 수준에 도달했다고 봐야 한다. 사물인터넷이 가속화되면 그에 따른 데이터가 급속도로 늘어나게 되고 인공지능의 학습은 더욱 가속화 될 것이다. 벌써 사회의 각 분야에서 인공지능의 도

---

28) 인공신경망은 기계학습과 인지과학에서 생물학의 신경망(동물의 중추신경계중 특히 뇌)에서 영감을 얻은 통계학적 학습 알고리즘이다. 인공신경망은 시냅스의 결합으로 네트워크를 형성한 인공 뉴런(노드)이 학습을 통해 시냅스의 결합 세기를 변화시켜, 문제 해결 능력을 가지는 모델 전반을 가리킨다. (출처: 위키백과)

입으로 경쟁적 리더십을 잡으려는 노력이 한창이다.

지난 30년간 기술의 발달로 전화번호나 노래 가사를 잊은 지 오래되었다. 앞으로 또 어떤 것을 잊고 살아가게 될 것인가? 기계학습 기반의 인공지능이 어디나 있는 세상에서 지금의 교육체계는 근본부터 흔들릴 것이다. 구구단을 외울 필요가 있을까? 어려운 외국어를 배울 필요가 있을까? 미분과 적분, 확률과 통계 같은 골치 아픈 학문을 배울 필요가 있을까? 기초는 건너뛰고 대학과정을 어려서부터 가르쳐야 하는 것 아닌가? 정답이 없는 혼돈을 초래하고 있는 장본인은 바로 우리 자신이며, 동시에 피해자가 될 것이다. 인터넷 시대의 디지털 유목민에서 인공지능 시대의 디지털 노예가 되는 것은 아닌지 심도 있게 고민해 봐야 한다.

집단지성의
실현

ARTIFICIAL INTELLIGENCE

빼딱하게 바라본 4차 산업혁명 : 빅데이터
집단지성의 실현

[그림 12-1] 〈세계는 평평하다, 토머스 프리드먼〉

토머스 프리드먼은 〈세계는 평평하다(The World is Flat, 2006)〉에서 정보사
회의 발전으로 인한 세계의 변화를 예견하였다[그림 12-1]. 신문기자 출
신인 작가의 미래 예측은 10년이 지난 지금에서 보아도 상당히 그럴
듯해 보인다. 실제로 지구는 둥글지만 평평한 지도처럼 펼쳐 놓으면
전세계가 동일한 시간대에 놓인 것처럼 생각될 수 있다. 이러한 아
이디어에서 출발한다. 한 글로벌 기업에서는 지구상에 해가 떠 있는
다양한 시간대에 동일한 팀의 연구인력을 분산 배치하여 연구가 24
시간 끊임없이 진행될 수 있도록 하였다. 시간을 절약하기 위해 공

간을 활용한 인력 배치인 것이다. 그들은 역설적으로 떨어져 있지만 연결되어 있으므로 가상의 공간에서 아무 불편함 없이 일할 수 있다는 것이다. 연구원들은 그들의 생각과 중간 결과물들을 공유하며 현재의 프로젝트 진행 정도에 대해 동일한 수준의 정보를 얻는다. 연구원들이 신경망 네트워크로 연결되어 있고 다량의 데이터가 지구를 감싸고 이동하는 모습이 상상된다.

2차 세계대전 당시 미국의 USS그루니언 잠수함은 일본과의 전투 중에 베링해에서 침몰했지만 미국 해군은 행방불명이라고 자세한 내막을 드러내지 않았다. 그 당시의 기술 수준으로는 한계가 있었을 수도 있었을 것이다. 당시 그루니언호 선장인 짐 아벨의 아들 존 아벨이 사업가로 성공한 후 아버지를 찾기 시작했다. 전세계의 전쟁 관련 논문을 뒤지고 저자와 연락한 끝에 아버지가 타고 있던 그루니언호의 최후 장면을 알게 된다. 그리고 해저지형탐사, 잠수정, 고해상도 이미지 처리 등의 각종 분야의 자원봉사자들의 힘을 빌려 침몰된 그루니언호의 선체를 확인하는 수확이 생긴다. 2008년 미국 정부는 그루니언호의 잔해 발견 사실을 공표하기에 이른다. 이후에 미망인들을 포함한 가족들과 함께 전사한 장병들을 기리는 기념행사가 열렸다. 그루니언호 찾기 프로젝트는 불가능한 것들의 총집합이었다. 윌리엄 테일러가 지은 〈보스 프리(Boss Free, 2012)〉에서는 이러한 불가능을 가능케 한 것은 집단지성이 만들어낸 집단 능력이라고 표현하고 있다.

집단지성을 이루고 있으며, 불가능을 가능케 하는 사람들은 어디에 있는가? 이러한 사례에서 보면 자발적인 도움이 성공의 핵심적인 역할을 하는 경우가 종종 있다. 어느 훌륭한 리더의 역량이 중요하겠지만 숨어있는 천재들의 도움도 상당히 절실하다. **대체로 천재들은 조직의 깊숙한 곳에 숨어 있고, 집단지성은 조직의 가장자리에 존재한다고 한다.** 그리고 집단지성이 집단의 능력으로 변화하게 하기 위해서는 카리스마적인 리더십보다는 겸손한 리더십이 잘 어울린다고 한다. 숨어있는 천재들은 대체로 협업시키기 어렵다. 자발적으로 나서서 즐기면서 일할 수 있도록 해야 한다. 군대식의 명령어 전달 방식으로는 집단지성이든 시너지든 만들기 어렵다는 것이다. 집단의 의견을 모으기 위해 브레인스토밍이란 것을 하다 보면 참여자들이 적극적으로 참여하는 분위기를 만들기 위해 사회자는 될 수 있으면 본인의 의견을 줄이고 회의를 진행하는 것에 몰두한다. 여러 사람이 동일한 기회를 가지고 의견을 수렴하다 보면 의외로 보석 같은 아이디어가 나오게 된다. 위에서 아래로보다는 아래서부터 시작해서 모두를 움직이는 방식이다.

글로벌 회사가 제품을 만드는 과정에 참여해 본 경험이 있다면 밑바닥에서부터 아이디어를 모으는 과정에 놀랄 수밖에 없다. 이미 전세계에 분포해 있는 지사의 전문가들을 동원해서 나라별로 요구사항들을 수집하고 특이한 점과 공통적인 점들로 분류하고, 제품화하기 이전에 전체의 틀을 만들어나간다. 이 틀은 기존의 모든 요구와 미래의 요구도 수용할 수 있어야 한다. 그리고 다른 한편으로는 자사의 아이디어와 시장의 요구가 결합된 특허 및 세계를 시장으로 하는 표준화를 진행한다. 이러한 과정은 시간이 걸리기는 하지만 일단 성공적으로 진행이 된 후에는 시작부터 전세계 고객을 대상으로 하므로 경쟁적 차원에서 쉽사리 따라잡기 어렵다.

우리나라가 IT 강국이라고 이야기하면서 전세계적으로 사용하는 국산 소프트웨어가 없는 현실은 참으로 아쉽기만 하다. 처음부터 전세계를 대상으로 생각하지 않았기 때문일 것이다. 제품을 만드는데 녹아 든 데이터의 양이 증명한다. 소수의 아이디어로 만든 제품과 글로벌 시장의 데이터를 분석하여 만든 제품과는 미래의 가치에 있어서 차이가 날 것임은 자명하다. 소비자 입장에서는 본인들이 구매하고자 하는 물건을 살 수 있는 경로가 수없이 많아졌다. 어디서 사야 할지는 그리 중요한 사항이 아니다. 시장에서는 판매자의 수보다 구매자들의 수가 월등히 많기 때문에 소비자들에 의한 시장에서 집단지성이 자발적으로 발현되고 있다. 인공지능을 이용한 상품 구매는 조만간 일어날 소비자들의 구매 혁신이다.

[그림 12-2] 집단지성의 실현

이러한 집단지성과 실현에 관련된 이야기는 빅데이터와 AI라는 주제와 너무나 닮아 있다(그림 12-2). 집단지성과 빅데이터는 스스로 움직이는 동력이 없다. 그 자체도 의미가 있기는 하지만 그들이 적절히 다루어지고 최고의 효과를 볼 수 있는 부분에 이용된다면 불가능을 가능케 하는 초신성급의 결과가 나올 수도 있다. 집단지성을 이루고 있는 내용은 빅데이터와 다름없다. 서로 배경과 수준이 다른 사람들이 동일한 목표를 향해 모여서 수준을 맞추고 앞으로 나아갈 때 집단지성과 빅데이터가 추구하는 방향성이 궤를 같이하게 된다. 모든 참여자의 개별적인 차이점을 인정하면서 형성된 공감대가 강력한 실행력을 가지게 된다는 점에서, 통계적 평균과 강력한 리더의 주장에 지나치게 치우쳐서 개인적인 다양성이 간과되는 경우의 실행력과는 차이가 크다고 할 수 있다.

집단지성은 정치적으로 사회적으로 또는 경제적으로 일어나는 현상으로 막연한 구호에 따른 의견의 일치가 아니라 사회 구성원이 제공하는 데이터를 기반으로 발현하며 강한 생존력과 경쟁력을 갖는다. 이러한 추세에 따라 모든 개인은 이제 상당히 비슷한 수준의 지적 능력을 겸비하게 되었다. 게으르지만 않다면 현명한 소비는 물론이며, 정치에 대한 해박한 이해도와 전문적인 경제의 예측도 가능해지고 있다. 그렇다고 하더라도 집단지성 속에서 숨어 있는 천재가 되려는 노력은 지속해야 한다.

CHAPTER
013

세분화된
지표

ARTIFICIAL INTELLIGENCE

세분화된 지표

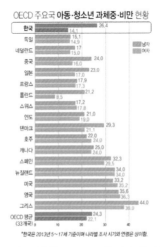

[그림 13-1] 신장과 몸무게를 이용한 OECD 주요국 아동, 청소년의 과체중, 비만 현황
(출처: 한국건강증진개발원)

나라별로 초등학교 아동들의 성장 정도를 알아보기 위해 10살 아동의 평균 신장과 몸무게를 측정한다고 가정해보자. 국가별 평균 신장과 평균 몸무게가 사용될 것이 자명하다([그림 13-1]). 그런 자료의 비교만으로도 개략적인 아동들의 나라별 발육상태를 비교할 수 있을 것이다. 19세기였다면 이 정도의 조사도 상당한 시간과 비용이 드

는 문제였을 것이다. 과연 이러한 조사가 타당한 것이며 의미가 있을까? 이 연구 결과로 무엇을 할 수 있을까? 한 나라의 10살 아동을 대표하는 평균 신장과 평균 몸무게는 세분될 필요가 있다. 우선 남녀의 구분이 필요하다. 도시 거주자와 비도시 거주자의 구분도 의미 있을 것이다. 부모의 각종 수준에 따른 구분도 있을 수 있다. 어느 나라의 수도에 살고, 부모의 수입이 상위 10%에 속하는 10살 남아의 평균 신장은 전체 평균과 비교해서 다른 결과를 나타낼 수 있다는 것이다. 데이터가 많아질수록 보다 정교한 비교가 가능해지며, 최종적으로는 평균으로 전체를 대변하는 것이 아니라 개인의 숫자 자체를 가지고 분포를 통째로 비교할 수도 있을 것이다.

집단은 하나의 평균을 가지는 집단이 아니라 실제로는 여러 가지와 여러 개의 평균을 가지는 작은 집단들의 집합이라고 봐야 한다. 거대한 집단의 상태가 건전하게 보일지라도 내부적으로 자세히 들여다보면 여러 가지 문제를 가지고 있는 경우가 많다. 그 이유는 하나의 대표적인 지표로 전체를 판단하려 들기 때문이다. 대표적으로 경제의 거시적인 지표가 있는데, 이것이 중요하지 않다는 것이 아니라 거시지표를 이루는 작은 경제 집단들에는 거시지표와 완전히 다른 방향의 부분들도 포함되어 있을 수 있다는 것이다. 그리고 그들에게 거시지표가 가리키는 방향으로 가라고 한다면 재앙이 아닐 수 없다. 이러한 거시지표가 두 가지 이상으로 혼재하는 것이 실제의 경제 상황이다. 경제성장률이 전년대비 3% 증가하고, 환율이 5% 급등한 상황이라면, 기업입장에서는 수입을 하는 기업과 수출을 하는 기업에 따라 호재로 혹은 악재로 작용할 수도 있을 것이다. 그렇다면 모든 경우의 지표를 만들 수 있을까?

최근 들어 개인화의 요구가 거세다. 과거 금융권에서는 획일화된 상품만을 판매하였다. 기간과 이자를 은행이 정하고 필요한 사람은 알아서 찾아 오라는 식이었다. 개인의 신용도도 측정하기 어려워 대출이 필요한 경우에는 어렵게 아는 사람들을 동원해서 보증을 세워야 했다. 그땐 그래도 문제가 없었다. 하지만 외국계 은행이 들어오면서 상황은 바뀌기 시작했다. 봉급생활자들의 개인정보를 모으고 자체적인 신용평점 시스템을 활용하여 개인에게 맞춘 수월하고 접근성이 높은 대출 상품을 선보이기 시작했다. 이어서 국내 은행도 이러한 시류를 따라 하기 시작해서 지금은 심지어 전화 한 통으로도 대출이 된다는 금융회사가 생겨났다. 모든 개인들은 본인들의 의지와 상관없이 신용평가의 대상이 되었으며, 신용평점이 부여되어 있다. 회사든 개인이든 이러한 추세에서 예외가 되지 않는다. 그리고 IT가 모바일과 연계되면서 추세의 가속도는 점점 심화되어가고 있다. 신기술에 익숙하지 않은 사람들은 간단한 금융거래 조차도 어려운 문제로 대두될 것이지만, 개인화가 가져온 개인들의 어려움은 도움을 받아서라도 풀어야 할 사회적 과제이다.

분류	NIH,WHO 기준 BMI(kg/m²)	아시아 비만학회 기준 BMI(kg/m²)
저체중	18.5 이하	18.5 이하
정상범위	18.5 ~ 24.9	18.5 ~ 22.9
전 비만	25 ~ 29.9	23 ~ 24.9
1단계 비만	30 ~ 34.9	25 ~ 29.9
2단계 비만	35 ~ 39.9	30 이상
3단계 비만	40 이상	

[표 13-1] BMI chart

이러한 개인에 관련된 지표로 사용되는 대표적인 사례로 체질량지수(BMI: Body Mass Index)가 있으며 사우나, 피트니스 센터, 병원 등에서 광범위하게 사용되고 있다([표 13-1]). 키와 몸무게를 이용하여 지방의 양을 추정하는 비만 측정법이다. 체질량지수가 18.5 이하하면 저체중, 18.5~24.9는 정상 체중, 25~29.9는 경도비만, 30 이상의 경우에는 고도비만으로 본다. 그러나 의사들이 하는 말에 따르면 모든 질병의 양상은 개인에 따라 차이가 있다고 한다. 그러니 모든 사람을 지방의 양을 추정하는 체질량지수에 따라 일차적으로 건강의 상태를 판정하는 것 또한 무리가 있는 것이다. 동일한 체형의 사람이라고 할지라도 내부적으로 보면 뼈가 굵거나, 혈관이 가늘거나, 외부로부터의 공급되는 영양이 다른 등등의 경우에 비만 여부는 달리 해석되어야 한다. 극단적인 개인화가 가능해진 지금은 여러 가지 문진에 기초한 자신만의 체질량지수와 개인적인 범위를 부여받을 수 있다. 아울러 건강한 사람은 정상 체중의 범위가 위에서 제시된 기준보다 넓을 수 있으며 그와 반대의 경우도 가능하게 된다. 그러한 개인적인 새로운 지표는 비만의 상태를 나타내는 정확도를 높일 뿐만 아니라 이러한 지표들을 이용해서 전체적인 지표를 다시 만들어낼 수 있다고 생각한다. 나라별로 실제 국민적 데이터를 기초하여 체질량지수를 만들어 낼 수 있는 것이다.

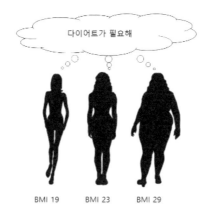

[그림 13-2] BMI와는 무관하게 전국민이 다이어트 스트레스를 가지고 있다

전국민이 다이어트 스트레스를 가지고 있다[그림 13-2]. 모두 기존의 체질량지수 때문이다. 우리나라에 맞지 않을 수도 있고, 현실에 맞지 않을 수도 있다. 지방을 태우느라 고생하는 한국 사람들의 눈물겨운 노력이 행복도의 저하와 동시에 생산성의 저하를 유발한다. 행복하고 건강하게 자신을 유지하면서 정상 체질량지수의 범위를 넓

히는 노력을 할 수 있다면, 이는 일방적인 살 빼기 식의 피나는 노력
과는 질적으로 다른 방향일 것이다. 지금의 대한민국은 세계적인 의
료 선진국이다. 모든 국민이 국가에서 제공하는 기초적인 건강검진
을 받는다. 국가적으로 모아진 데이터를 기반으로 개인화된 지수를
산출하고 이에 따른 특화된 처방을 할 수 있다고 본다. 인공지능이
아니라도 현재의 IT 기술로 얼마든지 가능한 영역이다. 그리고 개인
의 지수 동향을 시간에 따라 살펴봐야 한다. 여기에 동일 유형의 집
단 내에서의 위치와 질병의 연관성을 찾아내는 것이 비로소 빅데이
터와 인공지능의 역할이다.

공장에서는 생산과 품질의 세세한 상황 파악을 하기 위해 엄청난
양의 센서를 설치해서 현황과 문제를 알아내고자 노력하고 있다. 과

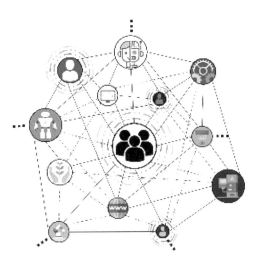

[그림 13-3] 사람과 IT 기술이 결합된 4차 산업혁명 시대

거 공장의 가동률이나 품질 지표는 이제는 거시적인 지표처럼 느껴진다. 좀 더 세밀한 부분까지를 구분하고 예측하는 요구가 넘쳐나고 있다. 이처럼 새로운 차원으로의 접근은 프로그램으로 할 수 없는 부분이다. 사람의 창의력이 필요한 부분이며 새로운 일자리 창출과 연결되어 있다. 4차 산업혁명 또한 아직은 사람에 의존하는 부분이 상당하며, 사람과 IT가 서로 보완적으로 작동한다면 폭발적인 시너지를 만들어낼 것이다([그림 13-3]).

CHAPTER
014

변수와 변화

HELLO !!!

ARTIFICIAL INTELLIGENCE

삐딱하게 바라본 4차 산업혁명 : 빅데이터
변수와 변화

지난 50년간을 통틀어 2018년의 크리스마스는 가장 조용했다. 거리의 불빛도 차분하고, 캐럴도 없었으며 전체적인 소비도 줄어들었다고 한다. 지금까지 한국의 크리스마스는 미국과는 너무도 달랐다. 미국에서 들어온 종교 행사가 한국적인 새로운 문화로 오랜 기간 자리 잡았다. 미국의 크리스마스는 가족들이 집에 모이는 날이다. 종교적이지만 한국의 설과 같은 개념이라고 보면 되겠다. 한국의 크리스마스는 거리로 나가서 흥청망청 먹고 마시고 소비하는 문화로 변질됐다. 기독교가 한국이라는 이질적인 나라에 정착하고자 크리스마스를 이벤트성이 강한 기념일로 만들었을 수도 있고, 초창기의 정부가 국민들의 관심을 정치에서 분리하기 위해서 크리스마스 거품을 만들었을 수도 있다. 잘 살펴보면 부처님 오신 날은 날이 갈수록 행사의 규모나 화려함이 더해지고 있다. 찬불가도 부르고 각종 다채로운 등불 장식을 하고 거리 행진도 대규모로 진행한다. 이에 비해서 크리스마스는 해가 갈수록 초라해지고 있다. 두 종교의 장기적인 경쟁이 이러한 변화를 가져왔는가? 아니면 과연 무엇이 이러한 변화를 초래하는가?

대한민국의 크리스마스는 수많은 경제위기를 거치면서도 위축되지 않고, 경제와 문화 속에 단단히 뿌리를 내렸다. 어린이들은 선물을 받기 위해 교회로 달려갔으며, 어른들은 크리스마스라는 이유로 과소비를 받아들였다. 가수들은 앞다투어 캐럴 신곡을 발표해서 연말 콘서트를 열었다. 그러는 사이 1999년에 한국이 G20에 가입되면서 선진국 반열이라는 타이틀을 가지게 되었다. 자연스럽게 2000년대에 들어서 선진국형 법률들의 시행이 강화되기 시작하였다. 불법 소프트웨어 복제에 대한 단속이 심해지기 시작하였고, 상용 음악에 대해서는 저작권 문제가 대두되기 시작하였다. 자연스럽게 공공장소에서 울리던 상업용 캐럴은 점차로 자취를 감추게 되었다. 음악이 없으니 신이 나지 않는다. 지갑도 열리지 않는다. 음악이 없는 트리장식은 팥 없는 찐빵 같다. 여기에 국가적인 이슈들이 크리스마스를 돌아볼 수 있는 여유를 빼앗아 가버렸다.

오랜 기간 지속된 국가의 문화를 변화시킨 것은 첫째로 개발도상국에서 선진국으로의 변화가 가져온 저작권법의 강화이고, 둘째로 크리스마스를 압도하는 사회의 분위기이다. 두 가지 모두 사회를 변화하게 하는 유효한 변수로 작용하였다. 이러한 두 가지 변수는 모두 종교 외의 요인이며, 기독교와는 상당히 거리가 멀다고 할 수 있다. 미국인들 눈에야 "이제 한국 사람들이 정신 좀 차렸구나"하고 생각할 수도 있지만, 그들도 이런 변화를 가져올 방법을 몰랐으니 가르쳐주지 않았을 것이다. 사회의 변화는 어떻게 변할지 모른다는 것이 매력적이다. 현재 작용하고 있는 두 요인이 사라진다고 해서 과거의 크리스마스 분위기로 돌아갈지는 미지수다.

경제의 활성화는 크리스마스에 지갑을 열게 하는 방식으로는 해결이 안 될 것이다. 크리스마스 분위기를 변화시키는 외적인 유효한 변수들이 있듯이 경제를 활성화하는 변수들도 어디든 있을 수 있다. 무조건 새로운 방식으로 나아가야만 길이 있는 것도 아니다. 기계와 자동화 프로그램이 판치는 세상은 더더욱 경제를 팍팍하게 만들고 사람의 일자리를 3D 노동으로 내몰 것이 확실하다. 외적으로 요인을 찾아가는 과정은 빅데이터를 분석하는 과정과 닮았다. 답을 모르고 있다면 연관성이 있든 없든 최대한의 데이터로부터 과거에는 몰랐던 것들을 찾아가야 할 것이다. 스쳐 가는 것 중에 보석같이 빛나는 변수가 있을 수 있다. 연관 지어 분석하지 않는다면 눈감고 보석을 감정하는 것과 다를 바 없다.

크리스마스에서 시작해서 빅데이터까지 연결이 되었다. 이러한 것들을 연결해서 생각하는 기법을 문화심리학자인 김정운은 에디톨로지(Editology)라고 칭하였다[그림 14-1]. 편집학이라고 번역될 수 있는 이 이론은 앞으로의 창조는 편집으로부터 나온다고 역설하고 있다. 필자는 기본적으로 통계학자이므로 무엇이든 통계와 빅데이터로 해석하려고 하는 경향이 있다. 사실 통계는 심리통계, 사회통계, 의학통계처럼 어떠한 학문에도 붙어 다니므로 초보적인 에디톨로지의 성향을 가지고 있다고 볼 수 있다. 기독교의 목사도 성경이라는 창으로 세상을 접목한다. 하나님 아버지로 시작해서 아멘으로 마치는 기도는 세상의 어떤 것도 담을 수 있는 에디톨로지의 극치이다. 당연하겠지만 필자와 목사는 자신의 전공인 통계나 성경을 중심으로 편집할 수밖에 없다.

[그림 14-1] 〈에디톨로지, 김정운〉

　진정한 에디톨로지의 대가라면 세상의 어떤 것이든 누구나 쉽게 이해할 수 있도록 자신만의 논리를 가지고 자유자재로 연결해서 설명할 수 있어야 한다. 상반된 두 주제를 연결할 수 있는 연결고리를 찾는 여정은 복잡한 문제를 해결할 수 있는 열쇠를 찾아가는 길이다. 그러한 과정에서 현상을 변화시키는 힘을 가진 요인들이 변수로 밝혀질 것이며, 결과적으로 변화에 있어서 어떠한 변수들이 얼마만큼의 영향력을 행사했는지를 알 수 있게 된다. 좀 더 나아가서는 변수들을 인지하고 변화를 예측하는 일들이 동시에 일어날 것이다([그림 14-2]).

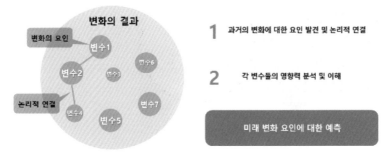

[그림 14-2] 에디톨로지(Editology)의 시대

알파고의 사례는 바둑판 위에서의 변화지만 많은 것을 암시한다. 새로운 스타일의 변화를 가져오는 변수는 얼마든지 만들어질 수 있으며, 동시에 예측도 가능하다는 것을 전세계가 손에 땀을 쥐고 지켜보았다. 알파고가 바둑의 세계화에 기여한 것은 확실하다. 알파고가 구글의 주식값을 올려놓은 것 또한 확실하다. 에디톨로지의 측면에서는 알파고와 보이지 않는 다른 현재와 미래의 그 무엇을 연결하느냐가 관건이다. 세상을 놀라게 한 발명들은 실수나 부작용 등에서 나온 경우가 많다. 빅데이터는 과거에는 실수나 부작용이었던 것들조차도 가능한 경우의 수로 보고 분석한다. 그리고 에디톨로지는 어떠한 현상이라도 서로 연결해서 설명하는 힘을 가지고 있다. 미래는 변화 그 자체이다. 미래를 만드는 주체가 어떤 것인지, 미래가 어떨지 정확히 알 수는 없겠지만, 빅데이터와 에디톨로지의 시너지로 미래를 예측하는 변수를 찾아내고 예측 가능한 미래를 그려보려는 노력이 계속되고 있다.

CHAPTER
015

포아송 시대에
일어나는 일들

ARTIFICIAL INTELLIGENCE

삐딱하게 바라본 4차 산업혁명 : 빅데이터

포아송 시대에 일어나는 일들

$$p_X(x) = \begin{cases} \dfrac{\lambda^x e^{-\lambda}}{x!} & (x = 0,1,2,\cdots; \lambda > 0) \\[2em] 0 & (otherwise) \end{cases}$$

[그림 15-1] 포아송 확률분포

통계를 공부하다 보면 포아송 분포라는 어려운 용어가 나온다. 대체로 잘 발생하지 않는 사건들이 실제로 일어날 확률을 계산하는 방식이다. 불량률이 미미한 제품의 품질검사에 주로 쓰이는 통계적 기법이다. 그러나 말의 뒷발에 차여 사망할 확률이나 삑사리 난 당구공에 머리를 맞을 확률 같은 비상식적인 사건을 다룰 때도 포아송 분포가 이용된다. 요즘은 역사적으로 잘 발생할 것 같지 않은 뉴스가 기록을 경신하듯이 경쟁적으로 발생하고 있다. 영국의 브렉시트(Brexit) 선언, 미국 대선에서 정치 이단아 트럼프의 당선 등은 공통점이 있다. 좀처럼 발생하지 않을 것으로 예측되었지만, 국민들의 마음속에는 어느 정도 예측되었고, SNS 등의 빅데이터(Big Data) 분석을 통해서 사건의 앞뒤가 상당한 정확도를 가지고 예측되고 있었다는 것이다. 영국의 국민들은 만연한 각종 사회, 경제문제를 해결하기 위하여 EU를 탈퇴하는 방안을 찬성하고 있었지만, 대세는 아니라고 판단했다. 미국 대선도 그당시 현직 대통령이 지지하는 힐러리 클린턴이 다소의 문제가 있더라도, 95% 이상의 신뢰도로 당선될 것으로 각종 매체를 도배했다.

설마 하는 소문이 사실로 드러나고, 희박한 확률의 사건이 실제로 일어나고, 믿고 싶지 않은 일들을 믿어야 하는 세상은 포아송 시대라 불러도 과언이 아닐 것이다. 이제까지의 뉴스에는 면역이 되어 점점 더 자극적인 사건을 만들어내는 것인지, 아니면 우연히 최근에 이러한 무지막지한 일들이 겹쳐서 일어났는지 알기는 어렵다. 이러한 역사적인 사건들은 양날의 칼이어서 상당한 힘을 발휘하여 세상을 바꾸지만, 다른 한편으로는 기존 질서 속에서 바둥거리고 살아가는 선량한 약자들의 희생을 제물로 삼는다. 우리나라 측면에서 보자면 브렉시트가 일어났을 때 한국의 주식 시장은 요동쳤으며, 발이 느린 개미들이 최대의 피해자였다. 트럼프의 대통령 당선 후 그의 공약대로 한미 FTA 무효나 미군 비용 증가로 이어진다면 국민이 부담해야 할 비용은 계산하기도 어렵다.

세계는 촘촘하게 연결되어 있고 유기체처럼 실시간으로 상호 작용한다. 실제로 어떠한 사건이 언제 어디서 일어날지를 예측하는 것에 대해 알파고의 대국에서 통렬히 드러났듯이 이제는 맨땅에서부터 다시 고민해 봐야 한다. 사람의 의견을 알아내는 제일 좋은 방법은 면담을 통한 방법이고, 그것은 비용과 시간이 많이 들기 때문에 전화를 통한 자료의 수집이나, 전자 메일을 통한 방법 등이 행해지고 있다. 그러나 이제는 교과서가 바뀔 때가 되었다. 그러한 방법은 비용만 비싸고 또한 그러한 절차를 통해 알아낸 사실이 진실이 아닐 가능성이 커졌다.

실제로 이러한 경우를 바라는 집단의 예를 쉽게 들 수 있다. 주식시장에서 공매도[29]를 전문으로 하는 사람이라면 아주 적은 확률의 엄청난 사건이 줄줄이 일어나기를 기다리고 있다고 봐야 한다. 그리고 이러한 경우도 이미 이론이 정립되어 널리 사용되고 있는 형편이다. 주식시장의 사례는 사건의 진실성에 대한 부분과는 거리가 있지만, 세상에는 이러한 파생적인 의견들도 상당수 있다는 것이다. 다시 말하면 브렉시트를 찬성하는 사람들은 청년실업 문제나 노인복지 문제로 고통 받는 사람들이 아니라, 브렉시트를 통한 주식시장의 출렁임에 기회를 엿보고 있는 사람들이라는 것이다. 이러한 의견들이 SNS 상의 빅데이터 분석의 결과를 과장되게 할 수도 있지만 그런 것도 세밀하게 분석되어야 하며, 고도로 발달한 인공지능(AI)이 이러한 부분을 담당하게 될 것이다.

포아송 사건들이 넘쳐나므로 이러한 뉴스들을 다루어야 할 미디어나 포털에서는 단편적인 뉴스 이외에 실시간으로 SNS 이슈와 관련된 빅데이터 분석을 제공해야 할 것이다. 통계학에서는 이론적으

---

29) 말 그대로 '없는 것을 판다'라는 뜻으로 주식이나 채권을 가지고 있지 않은 상태에서 매도주문을 내는 것. 약세장이 예상되는 경우 시세차익을 노리는 투자자가 활용하는 방식이다. (출처: 두산백과)

로 포아송 사건이 자주 일어나면 정상적인 분포가 된다고 증명하고 있다. 최근의 사태들은 과거의 시각으로는 여간해서는 일어날 것 같지 않은 사건의 연속이므로 이제는 당연히 일어날 수 있는 정상적인 사건 중의 몇몇이 되었다고 봐도 무리가 아니라고 본다. 이러한 포아송 사회의 구성원들은 SNS 상에 솔직한 의견들을 내어놓고 전체의 의견과 나의 의견과의 차이를 들여다 본다. 그리고 마지막 순간에 본인의 의사결정에 다시 한번 SNS의 의견을 참고하는 프로세스를 갖는다. 그러는 과정 중에 본인의 의견이 바뀔 수 있는 시간적 여유를 갖게 된다. 미국 대선의 사례에서 SNS 집계가 시시각각으로 변하는 것을 보았을 것이다. 스마트한 대중이 데이터를 생성하고 동시에 그러한 데이터로 이루어진 정보를 현명하게 이용하고 있다. 데이터 프로슈머라고 불러도 될 것이다.

사람들은 이제 스마트폰이나 컴퓨터가 제일 가까운 형제이자 친구이다. 누구에게도 알리지 않는 귀중한 정보를 IT의 바다에 흘려 놓는다. 정보의 관음화를 부추기는 부분도 있기는 하지만 쓰레기 더미에 진주가 널려 있는 것과 다를 바가 없다. 미국의 대통령도 맞추고, 바둑의 최고수도 이겼으니, 익명성이 보장된 정보의 쓰레기가 월드컵 우승을 알아맞추는 문어보다 더 소중한 것임은 이제 딱히 증명할 필요가 없어 보인다. 과거에 그러한 정보의 쓰레기는 첩보작전에나 쓰였을 것이다. 상대편이 찾을 수 없도록 은밀하게 지령을 암호로 숨기는 은신처 정도였을 것이다. 그러나 지금은 그러한 데이터의 쓰레기는 돈 주고 거래하는 광산이라고 봐야 한다. 거기에 생각보다 훌륭한 정보나 지혜가 있을 수 있기 때문이다.

　현재를 포아송 시대라고 부른다면, 새 시대에 맞게 기업이든 정부든 혁신적인 변화를 선도적으로 하려고 할 것이다. 앞서 이야기한 것처럼 대중들이 소통하며 의사결정하는 프로세스를 뒤따라가는 식이어서는 곤란하다. 시차가 없는 정보의 세상에서 결국 대중과 기업, 국가는 상호 소통하고 동시에 변화할 것이다. 그리고 소통의 매개체는 데이터이고, 그들을 분석하는 것은 빅데이터이며, 이것의 미래는 인공지능으로 이어지고 있다[그림 15-2]. 긍정적이든 부정적이든 일련의 사태들은 세상을 변화시키고 있으며, 결과를 모를지라도 대부분의 사람이 마음속으로 원하던 것일 것이다.

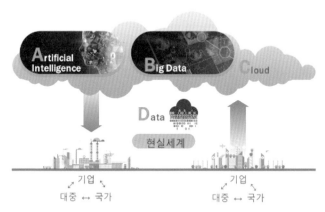

[그림 15-2] 데이터를 소통의 매개체로 빅데이터,
인공지능으로 이어지고 있으며 그것들은 다시 세상을 변화시키고 있다

CHAPTER
016

메타 이야기

HELLO !!!

ARTIFICIAL INTELLIGENCE

메타 이야기

언제부터인가 '메타'라는 단어를 자주 접하게 되었다. 메타(Meta)는 그리스어에서 나온 접두어로 '사이에, 뒤에, 넘어서'를 의미한다. 메타발언, 메타데이터, 메타분석, 메타인지, 메타픽션 등이 그 사례이다. 빅데이터 측면에서 보자면 메타는 기존의 현상과 데이터에서 추가적이거나 보완적인 단면을 찾아내거나 더하는 것이다. 메타데이터는 데이터를 설명하는 데이터이다. 메타분석은 기존의 단일 분석들을 모아서 종합적으로 다시 분석하는 방법이다. 이러한 방식은 좀더 객관적이거나 기존의 연구 결과에 새로운 의미를 부여한다는 측면에서 의미가 있다. 지금은 빅데이터 시대이므로 이러한 메타분야의 이야기가 확산되고 사회적 중요도를 가지는 것은 당연하다고 볼 수 있다. 이러한 추세는 모든 분야로 단순하게 확산되고 있다. 모임을 위한 모임, 진단을 위한 진단, 윤리를 위한 윤리처럼 설명이 덧붙여지고 전달하려는 바를 쉽게 알 수 있도록 하자는 것이다.

글자, 숫자 그리고 기호가 뒤죽박죽으로 섞여 있다면 그것은 빅가비지(Big Garbage)다. 그러나 의미가 있는 것들끼리 정리해서 항목별로 제목을 붙여 놓으면 데이터라고 부를 수 있다. 데이터가 가공되고 의도에 따라 분석되면 정보를 얻을 수 있다(그림 16-1). 단위 정보들이 쌓이게 되면 쓸모 있는 가치를 제공하는 정보의 서비스가 되기도 하고 궁극적으로는 지혜의 단계까지 다다른다. 메타데이터는 데이터 그 자체에 부연 설명을 해주고 있기도 하고, 분석되고 있는 단계에서 새로이 생성되어서 분석에 새로운 의미를 더하기도 하고 분석의 결과를 쉽게 해석할 수 있게 하기도 한다. 달력에 빽빽하게 표시된 일정들은 제목만 나열되어 있다 보니 내용이 무엇인지 헷갈릴 가능성이 크다. 이러한 때를 대비해서 수첩에 각각의 일정에 대한 좀 더 상세한 설명을 적어 놓았다면 이미 메타데이터의 소중함을 알고 있다는 것이다. 요즘은 자연어 처리도 상당한 수준으로 가능해진 시대라서 서술형으로 저장한 메타데이터 자체의 분석도 가능해지고 있는 추세이다.

[그림 16-1] 빅가비지와 데이터

소프트웨어 개발 시에 프로그램 언어로 만든 소스 부분은 개발자의 고유 영역이다. 그러나 개발된 소프트웨어가 제품화되고 유통되며 소프트웨어가 운용될 환경의 변화에 대응하여 제 성능을 발휘하려면 개발한 사람 이외의 사람들이 들여다보고 수정할 수 있어야 한다. 이러한 작업이 전세계적인 규모라면 문제는 간단하지 않다. 소스코드 한 줄 한 줄이 무엇을 의미하는지에 대한 주석이 필요하다. 그러한 주석의 양이 실제 소스코드보다 많은 경우도 허다하다. 그리고 수정이 가해지면 관련된 로그를 추가로 남기는 것도 중요하다. 나중에 처음의 상태로 돌아갈 수 있는 이정표를 마련해 놓는 것이기 때문이다. 프로그램 코드, 변화 로그 등등의 설정은 복잡해 보이기는 하지만 막상 장기간 운영을 하려면 프로그램에 생명을 불어넣는 것들이다.

심리학 분야에서는 〈지혜의 심리학(2013)〉의 저자인 김경일 아주대 교수가 주장한 메타인지가 신선한 바람을 일으키고 있다[그림 16-2]. 메타인지는 무언가를 배우거나 실행할 때 아는 것과 모르는 것을 정확히 파악하고, 그 지식을 바탕으로 학습전략을 사용하는 능력이다. 공부를 잘하는 사람 중에서 상위 1%의 학생과 나머지 학생과의 차이는 무엇일까? 이런 문제에 해답을 얻고자 하는 경우에 일반

[그림 16-2] 〈지혜의 심리학, 김경일〉

적으로는 대개의 우등생들은 거의 모든 시험 문제를 맞히므로 점수로만 본다면 변별하기가 어렵다. 여기서 주요한 변별력의 변수로 등장한 것이 메타인지이다. 상위 1%의 학생들은 본인이 알고 있는 문제와 모르는 문제를 정확히 구별하고 있지만, 나머지 학생들은 답을 정확히는 몰라도 맞을 확률이 커지는 방향으로 문제의 해답에 접근한다. 일정한 시간이 지난 후에 어떠한 문제를 틀렸는지를 기억해본다면 알고 있는 것과 그렇지 않은 것의 차이가 드러나게 마련이다. 메타인지는 지식에 대한 정직성을 드러내는 척도로 사용할 수 있다. 틀린 문제의 감점 제도는 메타인지 능력을 활용하여 정확한 지적 능력을 가려내기 위한 하나의 방편이다. 메타인지는 데이터로 나와 있지는 않지만, 실험으로 측정이 가능한 심리학 분야의 새로운 개념이다.

이와는 별도로 통계학과 빅데이터 분야에서는 메타데이터 분석이라는 새로운 분석기법이 등장했다. 기존의 개별 연구 결과들의 종합적 분석기법이라고도 한다. 어린 시절 부유함과 상위 0.1%의 고소득자가 되는 것과의 상관관계를 연구한 논문들이 있다고 하면 지역적, 시대적 또는 다른 여러 가지 외부적 요인에 의해 연구자별로 결과들이 다르게 나올 수 있다. 이러한 여러 가지 논문들의 결과치들을 새로운 입력자료로 해서 분석한다면 더 보편적인 결과를 얻을 수 있다는 것이다. 기존의 연구들은 연구자의 주관에 상당히 의존하는 반면에 메타분석은 여러 연구자의 결과를 취합하는 어려움이 있기는 하지만 상당히 객관적인 결과를 얻을 수 있다는 장점이 있다. 또한 기법의 특성상 오류를 최소화하는 방향성을 가지고 있어서 최종 적인 의사결정을 위한 자료로 쓰일 것이다.

우리는 이론과 실제의 틈에서 관계들을 정립하면서 살아간다. 이론은 이론일 뿐이지만 이론과 실제의 거리를 정확히 알기 어렵다. 이러한 거리를 좁혀주는 것이 메타 이야기다. **메타 이야기는 이론과 실제가 드러내지 않는 부분을 채워주고 있다. 메타가 풍부해질수록 이론과 실제는 근접해 있다고 본다.** 수학 시간에 배운 직선이나 정삼각형은 둥근 지구에서는 실제로 존재하지 않는다. 그러나 직선으로 날아가는 비행기를 제작해 놓으면 지구에서는 곡선을 그리며 날아간다. 이 경우 메타 이야기는 중력의 이론이 차지하게 될 것이다. 직선 비행과 곡선 비행의 차이를 설명해 줄 수 있기 때문이다.

최근에 유행하고 있는 AI는 인간의 각종 언어가 가지고 있는 메타 적인 의미를 해석하고 인간과 같은 수준의 대화와 의사결정을 하려고 디자인되고 있다. 인공지능이 모르는 문제를 인간처럼 확률로 맞출 수 있을 것인가? 인공지능의 과학기술과 인문학적인 발전은 단기간에 인류를 능가할 것인가? 사람이 개발한 메타분석은 인공지능에서는 어떻게 구현될 것인가? 모르거나 보이지 않거나 아직 발견되지 않은 부분들이 과거보다는 빠른 속도로 세상에 나오고 있다. 기술의 발달 속도는 멈출 수 없다고 본다. 그렇다면 이제는 그러한 혁신적인 새로움을 받아들이는 방법에 대해 고민해 볼 때이다.

CHAPTER
017

재무적인
목표 달성을 위한
새로운 방법

재무적인
목표 달성을 위한
새로운 방법

한 기업의 회장님께서 대통령과 기업인 오찬에 다녀오시더니 알
수 없는 주제들을 늘어놓으신다. 사물인터넷(IoT), 빅데이터를 통한
일자리 창출이란다. IoT도 모르겠고 빅데이터도 모르겠다. 3년 전의
상황이 이와 같았다. 지금도 아무것도 변한 것은 없고, 회장님은 지
난 3년간 두 단어를 계속 머리에 이고 사신다.

김회장 : 빅데이터 이야기한 지 3년 되었는데 그간에 뭐 좀 변한 게 있나?

이전무 : 저도 직원들에게 매번 강조는 합니다만 막상 손에 잡히질 않습니
다.

박부장 : 전문가를 불러서 빅데이터로 할 수 있는 것이 무엇인지를 물어보겠
습니다.

김회장 : 그렇게 하면 빅데이터를 위해 불필요한 일을 하게 되니 우리가
당면한 고민을 해결합시다.

이전무 : 회사의 이윤이 매출액의 10%로 고정적인데 이것을 12%로 올릴
수 있으면 좋겠습니다.

김회장 : 그거 좋은 생각입니다. 빅데이터로 그 문제라도 한번 풀어 봅시다.

박부장 : 멋진 아이디어십니다. 그러면 전문업체에 컨설팅을 받아 보도록 하겠습니다.

재무상태표		손익계산서
자산 　유동자산 　　당좌자산 　　재고자산 　비유동자산 　　투자자산 　　유형자산 　　무형자산 　　기타비유동자산	**부채** 　　유동부채 　　비유동부채 **자본** 　　자본금 　　자본잉여금 　　이익잉여금 　　자본조종 　　기타포괄손익누계액	**매출액** 　매출원가 **매출총이익** 　판매비 및 일반관리비 **영업이익** 　영업외수익 　영업외비용 **법인세차감전순이익** 　법인세 **당기순이익**

[그림 17-1] 파악해야 할 재무제표 및 손익계산서의 내용

이렇게 해서 어느 대기업의 빅데이터 프로젝트는 첫발을 떼게 된다. 박부장은 한번도 해본 적 없는 빅데이터 프로젝트를 회장님의 지시로 일사천리로 진행한다. 단순하게 생각하면 매출이익을 1% 올리고, 비용을 1% 줄이면 되는 것처럼 보이는데 지난 수십 년간의 경험으로 그것이 그렇게 호락호락한 것이 아니다. 제아무리 빅데이터라고 해도 이렇게 무모한 과제를 쉽게 해내기는 어려워 보였다. 실패해도 뭔가 배우는 것이 있으리라는 확신으로 시중에서 제일 유능하다는 업체를 선정하였고 바로 프로젝트에 돌입하였다. 준비되지 않은 프로젝트는 처음부터 난관에 부닥쳤다. 빅데이터 프로젝트로 달성하고자 하는 목표가 모호한 데다 관련된 데이터가 잘 축적되어 있지 않기 때문이다.

강PM : 부장님 회사의 이윤에 관계되는 자료를 모두 모아주세요. 매입과 매출에 관련된 모든 자료의 데이터베이스가 필요합니다.

박부장 : 매출 데이터는 현재의 CRM 시스템에 잘 정리가 되어 있습니다만 매입의 경우에는 전산처리가 되어있지 않아서 전표를 드리도록 하겠습니다.

강PM : 일단 매입 자료는 전표를 스캐닝해서 자료를 모으도록 하겠습니다. 매입을 시스템화하고 구매 프로세스를 고도화한다면 원가절감의 방향이 잡힐 것입니다.

박부장 : 아하 그렇게 가능하겠군요. 그러면 매출 분야는 어떤 방식으로 분석하시나요?

강PM : 전국의 지역별로 매출량을 예측한다면 필요 없는 재고 비용이나 운송 비용이 줄어듭니다.

박부장 : 이렇게 앞뒤로 1%씩 원가를 절감한다면 회사의 이익이 올라가겠네요.

이러한 사례는 알고 보면 쉽지만 실제로 일을 해보면 필요한 데이터가 존재하지 않는 경우가 허다하다. 이런 경우는 필요한 데이터를 찾든지 아니면 만들어가야 한다. 과거의 데이터가 없다면 데이터를 모으기 전에는 어떠한 일도 하기 힘들었지만, 지금은 의지만 있다면 필요한 데이터를 만드는 기술은 곳곳에 널려있다. 그리고 이러한 데이터의 힘을 빌려 보다 정교한 분석을 해내거나 업무 절차를 바꾸어 전체적인 효과를 볼 수 있는 노력은 빅데이터가 가지는 힘이다.

기업이 크고 거시적 차원일수록 빅데이터를 이용한 1%의 효과는 엄청난 결과를 초래한다. 매출이 1조 원이 넘는 글로벌 기업의 1%는 100억 원이다. 국가의 열수요 예측을 정교하게 해서 원유나 석탄의 수입을 1% 줄일 수 있다면 이는 엄청난 금액의 세금이 절약되는 일이다. 그러면 누구나 이러한 일을 하기 위하여 빅데이터 시스템을 만들어야 하는가? 그것은 과거 IT 붐이 가져왔던 진부한 발상이다. 지금은 가상화와 클라우드가 트렌드이므로 가져다 쓰는 기술에 익숙해져야 한다. 그리고 필요한 기술들도 가져다 쓰면 될 수 있도록 상당히 유연해져 있다.

빅데이터 기술이라고 해서 모든 문제를 일시에 해결할 수 있는 하나의 모델을 만들지 않는다. 폭넓은 접근으로 인한 직간접적인 데이터가 많이 수요되지만 정교한 결과를 얻기 위해서는 여러 개의 디테일한 모델을 만들도록 디자인해야 한다. 데이터 부문은 넓어지고 결과 부문은 좁아지는 현상은 흡사 깔때기 모양과 같다[그림 17-2].

앞의 사례에서 보듯이 고집 있는 회장님과 회장님을 따르는 부하 직원들이 합심해서 문제를 도출하고 빅데이터식으로 접근하려는 시도는 알고 했든 모르고 했든 의미가 클 것이다. 그러한 시도가 뜻밖의 결과로 이어진다면 그것이 바로 리더가 해야 할 덕목 중의 하나라고 볼 수 있을 것이다. 회사의 이윤에 관련된 사항은 1990년대부터 시작된 임원 의사결정 지원 시스템의 한 항목인데, 빅데이터 시대에 맞춰 변한 것이다.

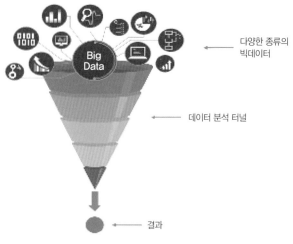

다양한 종류의
빅데이터

데이터 분석 터널

결과

[그림 17-2] 빅데이터 분석 터널

앞으로 10년간 또는 20년간 인공지능의 발전이 이 시스템의 모습을 상당히 많이 바꾸어 놓을 것이다. 어떠한 문제를 해결해야 하는지에 대한 고민조차도 인공지능이 추천할 것이다. 사실 이 부분을 제대로 알고 있다면 문제는 절반 이상 해결된 것이나 다름없다. 또한 조직의 모든 데이터가 정형이든 비정형이든 적절하게 분석이 되고 과거의 한계도 모두 없어질 것이다. 인더스트리 베스트 프랙티스(Industry Best Practice)라고 하는 모범 사례는 인공지능이 존재하는 사회에서는 수시로 바뀌게 될 것이다. 경쟁에서 이기지 않는 사례는 가치가 없어지기 때문이다. **과거의 변화를 거울삼아 좀 더 빠른 속도로 미래를 내다본다면 거기에 가야 할 길이 보일 것이다. 그러한 변화를 지금 이미 하고 있는지가 관건이다.**

CHAPTER
018

중소기업의
딜레마

ARTIFICIAL INTELLIGENCE

삐딱하게 바라본 4차 산업혁명 : 빅데이터
중소기업의
딜레마

머칠 전 새로 입사한 여직원이 갑자기 회사를 그만두었다는 보고
를 받았다. 이유는 다른 직장에 합격되어 그리로 간다는 것이다. 개
인적인 이유에서야 더 좋은 곳이 있어서 가겠다는데 뭐라고 하겠는
가? 그러나 그것은 사회를 너무 쉽게 보고 달려드는 것이다. 그 직
원을 뽑느라고 떨어뜨린 다른 사람은 어쩌란 말인가? 또한 사람을
뽑을 타이밍을 놓친 회사의 처지에서도 난감하기 그지없다. 그 이
유는 중소기업이기 때문이다. 현재의 급여나 복리후생도 대기업보
다 떨어지는 것은 사실이고, 브랜드 가치도 낮을 수 있다. 중소기업
과 대기업과의 비교에 있어서 위에 열거한 것들만 가지고 비교하는
것은 무리가 있지만, 대기업에 대한 로망이 있는 청년들에겐 필요한
부분만 확대해서 보이게 마련이다.

　필자는 글로벌 기업에 23년간 다닌 경험이 있다. 대기업에서 이런
일 저런 일 하며 잔뼈가 굵었다고 볼 수 있다. 그러나 항상 그림자처
럼 따라다니는 화두가 하나 있었는데, 글로벌 기업에서 나의 존재감
은 먼지와 같다는 것이다. 한 번도 만나보지 않은 미국에 있는 사람

들이 실적에 따라 나의 퇴직 여부를 결정한다니 막상 그런 일이 실제로 닥치면 얼마나 어이가 없겠는가? 조직이 커질수록 속해 있는 개인들의 존재는 상대적으로 미미해진다. 그리고 그에 따라 개인의 행복이나 성공보다는 조직의 이익이 우선시 되는 경향이 더욱 강해진다. IMF 이후에는 명예퇴직이라는 제도가 공공연한 조기퇴직 제도로 안착해서 안 그래도 불안한 대기업 종사자들의 수명을 단축하고 있다. 큰 기업에는 글로벌 기업이나 정부도 해당이 된다. 일개 직원이나 공무원이 담당하고 있는 일은 작은 일이다. 그러한 작은 일을 벗어나는 큰 일을 스스로 찾아내서 해내는 것은 조직이 원하는 것이 아니므로 거대한 조직에서 수십 년간 일하다 보면 타성에 젖어서 주인의식이 요구되는 일을 할 수 없게 되어 버린다.

대기업들의 이러한 점에도 불구하고 모든 취업 준비생들은 대기업에 입사하기 위해서 피눈물 나는 노력을 기울인다. 중소기업에 입사한 젊은이들도 대기업을 향한 로망을 버리지 않고 있어서 기회만 되면 경력을 쌓아서 이직하려고 한다. 중소기업에서 10년 정도의 경력으로 대기업에 입사하면 두 가지의 문제가 소리 없이 다가온다. 진골 성골로 불리는 기존 토박이 신입사원 출신과의 경쟁이 만만치 않다. 또한, 무사히 10년을 버틴다 해도 명예퇴직의 바람을 피해갈 수 없다. 대기업 입사라는 로망을 얻는 대신 대기업에 주로 존재하는 불편한 진실이 함께 딸려오는 것이다.

[그림 18-1] 직장인 이직 타이밍 (출처: 잡코리아)

　필자가 한국, 중국, 대만에서 지난 5년간 중소기업을 운영해본 경험에 따르면 보통 입사하고 5년 정도가 되면 홍역처럼 대기업으로 이직의 바람이 불기 시작한다[그림18-1]. 잘 가르쳐서 이제 좀 쓸만하면 대기업에서 고액의 연봉을 미끼로 데려가기 일쑤다. 그러나 이러한 경우는 가망 고객에 나의 사람을 심어 놓는다는 점에서는 긍정적인 면도 있다. 퇴직한 직원들을 배신자로 보지 않고 회사를 도와주는 사람들로 잘만 운영한다면 서로 도움이 될 가능성이 크다. 그러나 무엇보다도 중소기업 입장에서는 오래 다닐 수 있는 사람을 채용하는 것이 최고다. 명문대를 졸업한 사람은 중소기업에 잘 오지도 않거니와 중소기업에서도 별로 선호하지 않는다. 본인이 필요한 것만 챙기고 바로 떠나는 확률이 높기 때문이다. 기업의 크기를 막론하고 인사부는 회사의 사정에 맞게 오래 다닐 수 있는 사람들을 뽑는 비법이 숨겨져 있다. 빅데이터 기법을 통해 회사에 적합한 인재를 고르는 모델을 만들어 매년 바뀌는 사장 상황에 따라 채용을 유연하게 할 수 있다.

경제의 건전성은 중소기업의 활성화에 달려 있다고 해도 무리가 아니다. 핀란드의 대표 기업이었던 노키아의 2011년 매출액은 당해 핀란드 국내 총생산의 20%에 달하였고, 1998년부터 2000년까지의 수출액의 20%는 노키아의 휴대전화로부터 나온 것이었다. 그 당시의 모든 핀란드 인재들은 노키아로 모였다. 2013년 노키아의 몰락은 핀란드의 몰락으로 여겨졌다. 그러나 그 후 핀란드의 인재들은 중소기업을 일으켜 세우기 시작했고, 지금은 어느 한 기업이 국가를 좌지우지하는 기업발 국가 리스크가 없는 건전한 기업 시스템이 돌아가고 있다. 노키아의 몰락은 아픈 과거지만 인재의 성공적 분산과 중소기업의 활성화를 이루었다는 점에서 선진국다운 위기관리 능력을 찾아볼 수 있었다[[그림 18-2]].

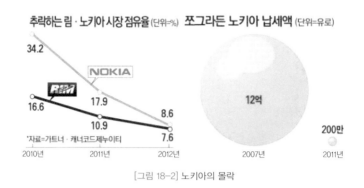

[그림 18-2] 노키아의 몰락

재벌이라고 불리는 우리나라의 대기업은 외국의 글로벌 기업들과는 대조적이다. 국내의 대기업들은 돈 되는 것이면 뭐든 한다는 철학으로 지금도 분야를 가리지 않고 문어발식 확장을 해나가고 있다. 외국의 대기업들은 어느 한 분야에 특화되어 세계를 시장으로 활동한다. 재벌이 가진 장점에 비해서 단점이 많다는 것은 지난 수십 년간의 경험으로 밝혀지고 있다. 재벌기업은 수백 개의 중소기업으로 나누어질 수 있다. 그러한 중소기업들이 독자적으로 생존이 가능해진다면 우리 나라의 산업 근간은 환골탈태되어 무한한 잠재력을 가지게 될 것이다. 그러한 과정에서 인재들의 대기업 몰림 현상도 자연스럽게 줄어들게 될 것이다.

중소기업은 대기업을 따라 하기도 어렵고, 따라 한들 대기업 바라기 청춘들의 이직 물결을 막기에는 한계가 있다. 실질적으로 대기업이 여러 개의 중소기업으로 나누어지는 일은 생각조차 어렵다. 그렇다고 중소기업이 빅데이터 기법을 활용한 인사정책으로 사람을 골라 뽑기도 어려운 실정이다. 가장 골치 아픈 문제는 입사 1년 이내에 교육만 받고 이직하는 비윤리적인 사람들 때문이다. 중소기업을 담당하는 정부부처는 이러한 데이터를 모아 다른 기업이 동일한 사람으로부터 유사한 피해를 보지 않도록 해야 할 것이다. 정부가 하지 않는다면 기업들이 자구책으로 빅데이터를 만들어 공유할 수도 있을 것이다. 중소기업이 사람에 대한 딜레마로 고충을 겪고 있긴 하지만 그래도 묵묵히 일하는 소신 있는 직원들이 있기에 경제가 건전하게 돌아가고 있다. 일자리 창출에 역행하는 비윤리적인 행위에 선진국다운 조치가 취해지길 바란다.

CHAPTER
019

고속도로의 고질적
문제 해결을 위한
빅데이터식 접근

ARTIFICIAL INTELLIGENCE

019

고속도로의
고질적 문제 해결을 위한
빅데이터식 접근

항상 그러하듯이 연휴 때만 되면 고속도로의 상습 정체와 사고에 대한 뉴스가 자연스럽게 나오는데, 대개는 일상적인 뉴스거리에 지나지 않는 것으로 지나쳐 버리기 일쑤다. 휴가를 떠나는 가장은 막히는 고속도로를 운전할 생각에 시작부터 진이 빠진다. 명절이 다가올수록 도로의 악성 정체 악몽에 온 가족이 시달린다. 고속도로는 빨리 달리지 못하면 유료의 의미가 없다. 또한 구조상으로 사고를 유발할 수 있는 부분이 있다면 사고의 책임이 운전자에게만 있다고 하기 어려울 것이다. 고속도로 정체 시에 요금을 면제해 주는 법안이 국회에서 진행되고 있다는 것과 고속도로의 사고가 많은 장소는 휴게소가 적은 곳과 일치한다는 상식적인 연구 결과 보고서가 있다는 뉴스를 보았다.

　막히는 고속도로 통행료 면제는 제일 쉬운 방법이지만 그에 따른 부작용도 많다. 도로공사의 수입은 어떻게 충당할 것인가? 통행료를 면제해주면 운전자들의 만족도가 높아질 것인가? 통행료 면제가 고속도로의 빠른 주행 본연의 기능을 찾아주는 데 기여하는가? 등등의 본질적인 질문에 답하기 쉽지 않다. 이미 운영 중인 고속도로에 추가로 토지를 매입하여 휴게소를 설치하는 일도 만만치 않다. 그렇다면 이러한 문제들을 해결하는 방법이 빅데이터에 있는가?

　답은 '그렇다'이다. 고속도로가 막히는 날에 통행료를 면제해 주는 방안은 사후약방문 그 자체이다. 막히니까 무료라는 식의 접근은 또 막힐 수 있는 가정과 그때도 또다시 무료라는 식의 막연한 기대를 유발하고, 그로 인해 고속도로는 더 막히게 되고, 사용자들의 불만은 커질 것이다.

　도로공사는 시간대별 차종별 고속도로 통행량에 대한 데이터를 이미 가지고 있을 것이다. 가지고 있지 않다면 모으면 된다. 그리고 획일화된 고속도로 사용료를 시시각각으로 변하는 모델로 바꾸어야 한다.

예를 들어 고속도로를 자주 이용하는 차량을 조사하여, 자주 이용하는 차량의 해당 시간대에 통행료를 올려 받는다면 약간의 혼잡도를 경감시킬 수 있을 것이다. 또한 비교적 한산한 심야의 고속도로 통행료는 낮추어주는 방향으로 변화해야 할 것이다. 심지어는 모든 차량에 대해 심야 고속도로는 무료라고 발표한다면 상당수의 차량이 심야의 고속도로를 이용할 것이라고 확신한다. 특히 비용에 민감한 화물차량이나 산업용 차량은 상당한 경제 효과를 볼 것으로 기대한다. 혼잡한 구간은 통행료를 올리고, 반대의 경우는 낮추는 방향으로 조정하지만, 차종과 시간에 따라 다르게 개인화된 통행료를 부과할 수 있게 하는 것은 가히 빅데이터적인 접근이라 할 수 있으며, 도로공사의 수입을 일정하게 유지하는 조건으로 건전한 모델을 만들어 낼 수 있다. 돈을 더 내고 비싼 고속도로를 달릴 것이냐 저렴한 시간대를 골라서 경제적으로 고속도로를 이용할 것이냐는 운전자의 선택에 달려 있다. 이러한 사례는 스웨덴의 스톡홀름을 필두로 이미 시행되고 있어서 기술적으로 어려운 과제는 아니며, 도심의 혼잡통행료에도 확대해서 적용할 수 있는 사례이다(그림 19-1).

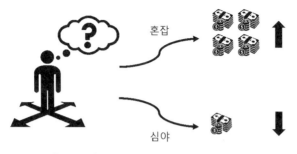

[그림 19-1] 빅데이터 분석을 통한 차등 정책 예시

　이를 위해서는 지금처럼 하이패스와 수동으로 비용을 지급하는 방식이 혼재하는 방식은 수정될 필요가 있다. 모든 차량에 하이패스를 의무화하고 차량 이동에 대한 데이터의 수집이 원활해야 한다. 하나의 유연한 모델로 과금을 할 수 있는 톨게이트 인프라가 필요한 것이다. 이렇게 된다면 톨게이트의 모양이 자연스럽게 변화하게 된다. 현재 과금 시 통행 속도의 저하를 완충하기 위해서 다이아몬드식으로 늘어선 모양의 톨게이트는 일직선의 하이패스 톨게이트로 바뀌게 되고, 더 적은 면적에서 효율적인 운영이 가능해진다. 그리고 부수적으로 남는 부지는 운전자를 위한 휴게소와 편의 시설을 지으면 될 것이다. 수금원들도 그곳에서 서비스 업종으로의 변환을 하면 일자리 문제도 해결될 것이다. 고속도로의 사고가 휴게소가 적은 구간에서 일어난다는 통계는 적정한 휴게소 부지의 확보가 관건인데, 위의 방법으로 상당수의 휴게소 확보가 자동으로 가능해지리라 생각한다.

　고속도로의 두 가지 문제 해결을 위하여 추가적인 도로건설과 같은 큰돈과 시간이 들어가는 물리적인 해결방안보다는 이러한 데이터에 기반한 프로세스의 변경만으로도 새로운 문제를 파생시키지 않고 큰 효과를 볼 수 있다. 톨게이트에서 정차 후 다시 출발할 때 생기는 기름 소모의 절약과 이산화탄소 발생의 저감이 예상되고, 산업 전반에 걸쳐 비용적인 측면의 감소로 기업 이윤의 증가나 물가 조절에 순기능을 제공할 수 있다. 또한 모든 운전자가 비용에 대한 생각을 하게 되므로 대국민 계몽의 효과도 있다. 사실 비효율적인 고속도로의 임시방편인 버스 전용차선도 없애도 된다. 막히는 시간대에 더 비싼 돈을 내고 고속도로에 진입하고자 하는 사람은 아무도 없을 것이다. 거꾸로 생각해서 돈을 더 내고라도 뚫린 고속도로를 이용하고자 하는 사람들이 틀림없이 있을 것이고, 시간대를 변경해서라도 저렴한 비용의 고속도로를 이용하고자 하는 사람들도 있

을 것이다. 이렇게 다양한 요구를 충족시킬 방안이 바로 빅데이터적인 접근으로부터 시작한다. 그것도 운전자의 안전을 고려하는 방향으로 설계되므로 일석이조를 뛰어넘는 효과를 볼 수 있을 것으로 생각한다.

　빅데이터의 문제를 어렵게 생각하는 경향이 있다. 그것이 통계적인 접근이라고 하면 더욱 어려워 보인다. 그러나 일상생활의 불편함을 해결하는 방안으로, 또는 기업이나 정부의 문제점을 해결하는 방안으로 창의적인 발상과 혁신적인 프로세스 개선과 결합할 때 폭발적인 시너지가 나올 수 있다. 고속도로의 모든 차량의 이동을 실시간으로 분석하고 있다면 고속도로로 진입하는 범죄 차량을 검거하는 일도 시간문제일 뿐이다. 고속도로를 24시간 입체적이고 효율적으로 운영하는 이러한 방안은 한국을 다시 잠들지 않는 나라로 만들 수 있는 전략적인 모멘텀이 될 수도 있다. 모든 고속도로가 항상 시

원하게 뚫려있고, 이러한 선진 시스템을 배우러 외국 사람들이 한국을 방문하는 그런 날이 오기를 기대한다.

CHAPTER
020

예지정비

———————

예지정비

예지정비는 영어로 Predictive Maintenance라고 한다. 생소할 수도 있지만 요즘 IT 분야에서 자주 등장하는 키워드 중 하나이다. 통상적으로 정비란 제품 구매 이후의 무상유지보수와 그 이후의 유상유지보수로 나뉜다[표 20-1]. 이러한 행위는 모두 문제가 발생한 다음에 취해지는 조치로서 일정 기간의 수리 기간 동안은 어쩔 수 없이 사용이 불가하다. 현재까지도 소비자가 제품을 구매하면 언제 고장이 날 것인가 하는 문제는 순전히 운에 맡기고 있다. 예를 들어 사용하고 있는 노트북이나 가전제품 등의 기기가 어떠한 이유로 "일주일 이내에 고장이 날 확률이 85%다"라고 미리 이야기해 줄 수 있다면 갑작스러운 장애를 사전에 대비할 수 있는 시간적인 여유가 있다. 그 기간 노트북에서는 소중한 데이터를 백업받아 놓을 수가 있고, 냉장고에서는 상할 식품을 최소화할 수 있게 된다.

구분	통상적인 정비		예지정비
	무상유지보수	유상유지보수	
개념	무상으로 유지관리 또는 제품을 수정	계약된 조건에 따라 유상으로 유지관리	설비 및 장비가 고장 나기 전 고장을 예측하여 유지보수 함으로 인해 비용 절감 및 운영 효율성을 극대화
시점	문제 발생 후	문제 발생 후	문제 발생 전

[표 20-1] 통상적인 정비와 예지정비 비교

극단적으로 예지정비가 잘 취해지고 있는 분야는 사건을 되돌릴 수 없는 경우에서 찾아볼 수 있다. 바로 항공 분야이다. 비행기는 이륙 전에 최고의 사전정비를 받는다. 모든 비행기의 부품은 유통기간과 유사한 예상 수명이란 것이 있어서 지금 문제가 생기지 않았더라도 예상 수명을 다한 부품은 정비 매뉴얼에 따라 무조건 교체를 하게 된다. 비행기의 사고는 아주 작은 것이라도 생명과 직결된 것이므로 사후 유지보수의 의미가 약해지게 마련이다. 도로의 가로등은 어떤가? 항공기보다 그다지 중요해 보이지 않는 느낌이 든다. 가로등의 교체는 전구가 망가져서 불이 들어오지 않는 것들을 사후에 교체한다. 그러나 그러한 경우에 어두워진 길에서 그로 인한 사고가 난다면 가로등 전구의 가격과는 비교도 할 수 없는 대형 사고가 터질 수 있다.

예지정비는 제품을 만드는 공장에서 우선적으로 관심을 가지고 도입을 고민 중이다. 공장에서 만드는 제품은 시간이 지남에 따라 품질이 달라질 수밖에 없다. 제품을 만드는 환경이 항상 같을 수는 없기 때문이다. 특정부분의 나사가 헐거워졌을 수도 있고, 네트워크의 부하로 필요한 자료가 제때 도착하지 않을 수도 있고, 배관설비가 노후되어 이물질이 섞여 있을 수도 있고, 기후변화에 따라 온도나 습도 조건이 바뀔 수도 있다. 이러한 세세한 변화가 그 자체 또는 복합적으로 제품의 품질에 영향을 미칠 수 있다. 어린이 완구를 만드는 공장에서 사용되는 원료가 국가의 인증된 제품을 사용하였다 하더라도 완제품에서 유독물질이 검출되었다면 공장의 환경적인 부분과 제조 프로세스상의 예지정비가 미비했다고 볼 수 있다.

장애가 일어나기 전에 미리 조치를 한다면 비용이 만만치 않을 것이라고 생각하기 쉽다. 그러나 전체적인 결과에 따른 비용을 비교해 보아야 한다. 예지정비 차원에서는 문제가 예측되는 필요한 부분을 교체하지만, 사고발생 이후에는 전부를 교체해야 하거나 이로 인한 사고로 이어진다면 감수해야 할 비용은 천문학적으로 올라갈 것이다. 병원에서 받는 정기 검진과 비교해 보면 답은 명확해진다. 정기검진으로 암을 찾았다면 복권에 당첨된 것이라는 이야기를 듣는다. 대개는 초기이므로 완치 확률이 상당히 높다. 그러나 아파서 병원에 갔는데 암이라는 판정이 나온다면 3기 이상일 가능성이 높으며, 생존 가능성도 상대적으로 낮을 수밖에 없다. 정기검진에 들어가는 비용은 후자의 경우와 비교할 수 없을 정도로 저렴하다.

우리나라가 당면한 예지정비 과제 중에 시급한 것이 가금류에 퍼지는 조류인플루엔자(AI)다. 자연적으로 이동하는 철새를 막을 수 없다면 조류인플루엔자가 유행하는 시기 이전에 사전 조치를 취해야 한다. 비전문가적인 생각이지만 조류인플루엔자에 대비하는 사료를 만들어서 인플루엔자가 당도하기 전에 미리 가금류에게 사용하면 되지 않을까 하는 생각이다. 닭이 독감에 걸린 양계장을 찾아내 집단 처분하는 방식은 조류인플루엔자의 뒤를 따라가는 방식이다. 길목에 먼저 가서 과거와는 다른 대비를 한다면 얼마 가지 않아 적절한 예지정비 전략이 수립될 것으로 생각한다.

예지정비를 하는 것은 쉬운 일은 아니다. 모든 부품 및 서비스에 유통기한이나 수명과 같은 데이터가 있어야 한다. 이러한 일은 정부의 표준화 지침이 필요하다. 그리고 어떠한 현상의 발생 시에 어느 정도의 수준으로 조치를 해야 하는지의 매뉴얼을 만들어야 한다. 그러한 일들을 진행하는 과정에서는 데이터 과학자들의 지식이 필요하다. 알파고에 이용되었던 최신 빅데이터 분석 기법인 딥러닝과 같은 알고리즘이 사용될 수도 있기 때문이다. 자동차의 경우에 기계장치에서 전자장치로 분류가 바뀌고 있다. 따라서 장애의 현상과 장애의 원인이 지금까지 쌓아온 지식으로는 판별이 어려워지고 있다. 이러한 경우에도 장애를 사전에 인지하려는 새로운 방식의 노력이 진행 중이며, 빅데이터 분석을 이용한 기법들이 심도 있게 사용되고 있다. 자동차의 알림 서비스 중에 '충격 감지'를 사후에 알리는 서비스가 있는데 존재의 이유를 잘 알 수 없다. 차라리 '50m 전방에 충격 예상'으로 사전에 알려줘서 운전자가 속도를 조절하도록 해주고, 차량은 자동적으로 충격을 흡수하는 모드로 변화한다면 바람직하겠다.

수백 년간 사후약방문의 틀에 갇혀 살았으니 예지정비는 피부에 잘 와 닿지 않는다. 사고가 터진 후에 일을 처리하는 시간을 줄이는 노력은 이제 그만하면 세계 정상급일 것이다. 그간의 경험으로 무조건 빨리 가는 것이 결코 빠른 것이 아님도 잘 알고 있다. 시간이 다소 걸리더라도 사전에 가능한 모든 것을 점검하는 것이 결과적으로 돈도 아끼고 시간도 절약하는 길이다. 삼성의 휴대폰 폭발 사고는 사후약방문도 통하지 않는 국가적 재난이었다. 그 제품을 디자인하고, 만들어 출시하고, 글로벌하게 마케팅하고, 나중에 리콜하는 비용을 모두 생각한다면 잠이 오질 않는다. 모든 분야에 있어서 사고가 나지 않도록 사전에 노력한다면 OECD 국가의 격에 걸맞은 수준이 될 것이다. 이러한 예지정비에 들어가는 노력은 아무리 많아도 지나치지 않다. 유럽의 선진국들이 한국에 와서 예지정비의 전략과 비전을 배우는 날이 속히 오길 바란다. 일자리 창출은 이러한 분야에서 일어날 때 국가적 시너지를 발휘한다.

CHAPTER

021

유학 다시 보기

ARTIFICIAL INTELLIGENCE

대학에 진학해서 고학년이 되면 비로소 진지하게 자신의 미래에 대해 생각해보기 시작한다. 그중에서 공부에 재미가 붙은 몇몇은 대학원을 진학하고 또 그중에 몇몇은 국내에서 또는 해외로 박사학위의 도전 길에 오른다. 박사가 되어 일반적인 직장에 취직하겠다고 생각하는 사람은 드물 것이다. 대개는 교수로 채용되어 연구를 계속하거나 후학을 가르치는 일에 매진하게 된다. 1980년대부터 해외 유학이 급속히 증가하였다. 학술적인 부분이나 경제·정치·사회·문화의 거의 모든 면에서 배울 것이 많았다. 그것도 영어로 배우다 보니 한국에 돌아오면 엘리트층에 편입되어 교수 임용과 고위 관리에 이르기까지 탄탄대로를 만끽하였다. 반도체, 자동차, 철강, 스마트폰, 한류 등 세계적으로 선두를 차지하는 분야가 많은 지금도 해외 유학을 바라보는 눈이 같은지는 한번 살펴봐야 한다.

  금수저들의 해외 유학은 예나 지금이나 수월하다. 그러나 형편이 어렵지만, 재능이 뛰어난 학생들의 해외 유학은 지금도 상당한 금전적 부담이 있으며, 학위를 취득한 후에도 수년간 교수직을 찾지 못하고 떠도는 위험이 도사리고 있다. 이공계나 인문계의 교수 임용을 보면 50% 이상을 외국 박사 소지자가 차지하고 있다. 하지만 여전히 교수직을 찾는 사람의 수요가 넘쳐나고 있어서 고학력 난민들의 구직난이 소리 없이 커지고 있다. 해외 유학에다 박사까지 갖추었지만, 취직이 안 된다고 하소연하기도 낯부끄럽기 때문일 것이다. 남자의 경우 군대 마치고 유학 가서 박사학위를 마치고 몇 년을 기다리다가 겨우 교수직을 찾으면 빨라야 35세 전후가 될 것이다. 문제는 35년간 이들을 뒷바라지해야 하는 부모들에게서 발생한다.

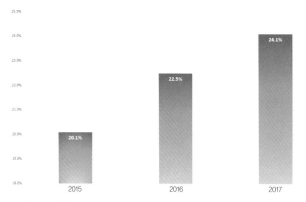

[그림 21-1] 박사 학위 취득자 미취업 추이 (출처: 한국직업능력개발원, 2017)

한국의 부모들은 자식이 결혼할 때까지 부양을 감당할 수밖에 없다. 자녀의 결혼 직전 최소 유학비용 3억과 평균 결혼비용 1억 정도를 대고 나면 부모의 노후는 빈곤함을 면할 길이 없다. 자식이 둘이라면 상황은 더욱 악화될 것이다. 사회적인 인과관계를 따져보자면 부모가 자식을 부양하느라 문제가 발생하고, 정부는 늘어나는 노인 문제를 풀기 위해서 사회보장제도를 확대하느라고 애쓰고 있다. 이러한 관계 속에서 대학을 하나의 변수로 추가한다면 뭔가 좀 더 근본적인 해결 방안을 찾을 수 있다고 본다. 직간접적인 사회비용이 엄청나게 들어가는 유학의 숫자를 꼭 필요한 부분으로 줄여보자는 취지인데, 요즘 시대에 그런 것을 강제할 수는 없으니, 거꾸로 국내에서 박사학위를 받고, 선진국과 동등한 수준의 SCI급 학술지[30]에 논문을 게재한 사람들에게는 교수로 임용되는 데 있어서 보이지 않는 불평등을 없애고, 아울러 장학금이나 프로젝트 등의 지원으로 국내 박사 취득자들의 경쟁력 있는 고급 인력화를 이루자는 의견이다.

누구나 유학을 가서, 몇 년이 걸리든 박사학위를 받으면 모국에 들어와 손쉽게 교수를 할 수 있는 시대는 이미 지났다. 해외에서 유학했다고 공부를 더 잘하는 것도 아니다. 이제 유학은 개인적인 취향으로 바뀌어야 할 때가 되었다. 해외여행이 더는 부자들만의 전유물이 아니듯, 인생의 어느 때나 개인에 따라 절실하게 필요하다면 나이에 상관없이 해외에서 공부할 수 있는 길이 부지기수로 열려 있다. 그뿐만이 아니라 IT 기술을 접목한 글로벌 개방대학의 저명한 강의는 항시 무료로 들을 수 있다. 그러한 이유로 유학을 가는 이유는 과거와는 확실하게 바뀌어야 할 것이다. 그렇게 하기 위해서는

---

30) 과학 인용 색인(SCI; Science Citation Index)은 미국의 ISI에서 1960년에 만든 인용 색인이다. SCI 학술지 선정은 ISI(Institute of Scientific Information)의 Editorial Board에서 결정하는데, ISI 내부에서 선정된 주제별 전문가와 ISI 외부에서 위촉된 사서, 정보전문가, 구독자, 저자 및 편집자 등으로 구성되어 있다. SCI 수록 대상 학술지는 다음의 3가지 요인으로 선정된다: ①전문가의 판단 ②학술지의 기준 준수 여부 ③인용 분석 자료의 수치 (출처: 위키백과)

국내에서 박사과정을 공부하고 있는 학생들에게 대학이 교수를 채용하는 기준의 완화와 실질적인 지원을 제공해야 한다. 그러한 결과로 정부, 부모와 유학생으로 이어지는 자금의 순환 모델에서 대학의 변화가 매개역할로 등장하여 모델의 흐름을 바꾸게 된다.

대학과 정부가 직접 국내의 박사과정 학생들을 지원하게 된다면 박사과정 학생들은 그 자체를 직장으로 삼아 독립적인 삶을 영위할 수 있으며, 부모는 과도한 교육비 지출을 줄일 수 있게 된다. 또한 정부도 그만큼의 여력이 생겨서 노인 복지에 대한 폭넓은 프로그램을 만들어 낼 수 있으리라 생각한다. 이러한 입체적인 변화를 만들려면 다양한 각도로 변화를 초래할 수 있는 직간접 요인이나 매개요인을 찾아내는 작업이 필요하다. **제시된 사회적 모델에 영향을 미칠 수 있는 숨어 있는 다양한 변인들을 찾아내는 노력을 꾸준히 한다면 생각보다 창의적인 결과를 만들어 낼 수 있으며, 그에 따른 결과들도 미래지향적이며 혁신적으로 될 수 있다.**

이러한 시대의 변화에 따른 유학의 실질적인 내용이 바뀐다고 하여도 여전히 유학에 대한 열망은 수그러들지 않을 것이다. 이러한 경우 유효한 모델이 프랑스의 인시아드(INSEAD) MBA다. 이 대학원은 직장 생활을 5~10년 정도 경험한 사람들만을 모집한다. 졸업자들은 거의 대부분 글로벌 기업에 초급 간부나 전문가로 재취업되며 투자 비용 대비 효과를 보장하는 것으로 유명하다. 대학, 대학원 그리고 박사로 이어지는 일련의 코스 중에서 유학은 교수로 임용되기 위한 플러스 알파로 작동해온 것이 사실일 것이다. 이러한 모델은 지극히 학생 개인적인 관점에서의 로드맵이라고 할 수 있다. 인시아드의 사례와 같은 학업과 직장을 병행하는 모델은 개인적인 성취감과 사회적인 변화를 동시에 추구한다. 이러한 방식은 앞으로 본인의 분야에서 전문성과 박사학위를 취득한다면 상당히 경쟁력 있는 교수 요원이 될 수 있다. 최근의 대학은 이러한 세태를 이미 반영하고 있다. 유학을 다녀온 사람은 박사학위 취득 후 포스닥이라는 기간을 7~8년 정도 기다리는 것이 일상이지만, 20~30년의 전문 분야를 경험한 박사급 인재에 대해서는 문이 활짝 열려있다.

이렇게 본다면 교수가 되기 위한 전제 조건에는 박사학위 이외에도 학교에서의 포스닥 기간이 아닌 전문분야에서의 상당기간 경험이 더해질 가능성도 있다. 사실 박사라는 타이틀은 특정분야에 있어서 유효한 연구를 했다고 능력을 인정해주는 것일 뿐이다. 중고등학교의 학생들의 영어 실력이 과거와는 비교도 안되게 유창해진 지금, 유학이란 금딱지를 졸업장에 붙이는 것은 그다지 가치가 커 보이지 않을 수 있다. 평생 교육과 사회적 시스템으로서의 유학이 새롭게 조명되고, 대학이 매개적인 역할을 적절히 수행한다면 재원의 효과적인 집행과 그로 인한 사회 시스템의 변화도 기대해 볼 수 있겠다.

CHAPTER
022

청년실업의
30년 후

ARTIFICIAL INTELLIGENCE

청년실업 문제는 아무리 사회와 경제에 관심이 없는 10대의 학생들이라도 한마디씩 할 수 있는 고유대명사가 되어 버린 듯하다. 얼마 전 모 대학에서 빅데이터 분야 취업에 관심 있는 학생들에게 특강을 해달라는 요청으로 강단에 섰다. 필자가 그당시 이 분야의 기업을 경영하고 있었으므로 학생들에게 취업을 위한 조언을 해주는 식으로 진행되었다. 학생들은 전산학, 경제학, 문학, 통계학 등 다양한 전공을 가지고 있었다. 취업에 목을 매고 있는 학생들로서는 어떻게 하면 빅데이터 분석을 전문으로 하는 직업을 가질 수 있을 지에 대해서 많은 고민을 하고 있었다. "국문학과를 전공하면 빅데이터 분석가가 될 수 없나요?"라는 국문과 학생의 질문은 교육의 현실과 학교 밖의 세계에 대한 차이를 대변하는 듯하다. 실제로 국문학을 전공한 사람이 데이터를 분석하는 일은 적절치 않다. 그러나 빅데이터에 대한 전반적인 이해도를 넓혀서 빅데이터 분야를 전문으로 다루는 기자가 되는 것은 가능할뿐더러 바람직하기도 하다.

청년실업의 문제에는 여러 가지 요인이 있겠지만 대부분의 구직 대상자가 몇몇 유명한 직장으로 몰리는 현상도 있을 것이다. 학교에서 본인의 실력도 객관적으로 평가 받지 못하고, 실제 사회에서 어떻게 본인의 역량을 펼칠 수 있을 지에 대해서도 잘 알지 못하는 상황이 막연한 대기업 선호도를 만들어낸 것이다. 최근에 대기업에서는 입사 프로세스에 빅데이터적인 방법을 도입하기 시작했다. 공부만 잘하는 사람보다는 회사에 대한 충성도, 업무성과, 적합한 부서를 예측해서 직원을 뽑으려는 시도가 진행되고 있다. 회사 차원에서는 당연한 변화이다. 엄청난 자금을 투입해서 신입직원을 뽑아 교육했더니 1년도 되기 전에 그만두는 직원들이 많기 때문이다.

빅데이터를 이용한 직원의 채용방식은 직원이 회사를 언제 그만둘지도 예측을 하고 있으므로 부작용도 있을 수 있다. 청년실업 문제는 주로 20대와 30대 초반의 청년들에 국한된 이야기다. 예상 수명이 길어진 현대에는 생애실업 문제를 논의해야 청년실업 문제도 균형있게 다루어질 수 있다는 생각이다. 30살에 취직해서 60살에 정년을 맞이하여 또 다른 소득 절벽을 맞이하게 되면 생애 2차 취업난을 겪게 된다. 이때의 실업은 생존과 직결되므로 청년실업 문제보다 더 절실하지만, 우선순위가 밀리는 느낌이 있다(그림 22-1).

한국인 65세 기대여명	65세 이상 인구 추계 자료: 통계청		
	구분	인구수	비율
21	2015년	654만1168	12.8%
20	2025년	1050만7986	20.0%
19	2035년	1517만5901	28.7%
18	2045년	1817만9045	35.6%
17 16.6	2055년	1857만3573	39.2%
16	2065년	1827만2966	42.5%

자료: '통계로 보는 사회보장 2016'

20.9

2000   2005   2010   2014

[그림 22-1] 한국인의 기대여명과 인구 추이[31]

K12라고 불리는 초중고의 교육과 대학교육의 총 16년을 준비했지만 청년실업 문제가 기다리고 있으며, 30년의 사회생활을 하고도 또다시 중장년의 실업 문제를 맞이하게 된다[그림 22-2]. 데자뷔 현상인가? 이러한 거시적인 사회 문제가 개인들의 생애에 걸쳐서 반복적으로 나타나는 데에는 정의되지 않았거나 복합적이어서 단적으로 말할 수 없는 이유가 있을 것이다. 더구나 성인으로서 장기간의 사회생활을 하는 동안에도 중장년의 실업에 대한 대비가 불가능하였다면 사회에 내재하고 있는 점선으로 이어진 요인이 있거나 외부의 자극에 의한 것이라고 봐야 한다.

---

31) 경향신문, http://khanarchive.khan.kr/m/1745

[그림 22-2] 장년층의 고용률 추이[32]

　　누구나 직장 생활에서 은퇴를 해야 하는 시점이 언젠가는 온다.
그리고 남은 생애의 일정 기간은 자영업 등으로 소득 일부를 충당
해야 한다(표 22-1). 자영업은 극단적인 영업활동이다. 의료인, 법률
가 등의 종신 전문가 자격증이 있는 사람들은 배워서 하던 일을 하
면 되지만, 대부분의 근로자는 직장에서 하던 일과는 생판 다른 일
을 하도록 내몰린다. 골목상권이란 것이 대표적인 사례이다. 어디에
나 있고 상점의 주인들이 매번 바뀌고 있지만, 사람들은 무심코 지
나친다. 사실 누군가가 퇴직금으로 차린 가게가 망하고 다음 퇴직자
가 다시 퇴직금을 쏟아부은 것인데 말이다.

---

32) 연합뉴스. http://www.yonhapnews.co.kr/bulletin/2016/10/15/0200000000AKR201610150394
　　00004.HTML

연령대별 신설 법인 수 및 증가율 추이			단위: 개, %
	2008년	2016년	증가율
39세 이하	1만5778	2만6945	70.8
50세 이상	1만3561	3만3639	148.1

자료: 통계청

[표 22-1] **창업률의 증가**[33]

   우리의 골목상권은 치열한 퇴직자들의 무덤이자 비싼 영업의 교육장이다.

   이러한 개인 영업 전쟁에서 살아남는 법을 배우려면 퇴직하기 전에 영업에 대한 마인드를 고착하고, 영업 DNA를 생성해야 한다. 그리고 학교에서는 전문적인 분야에서 활동할 수 있는 직업과 연계된 교육과 현장학습을 병행해야 한다. 물론 궁극적인 영업을 염두에 두고서 말이다. 청년실업의 중요한 위치를 차지하는 것은 취업 바로 직전의 대학교육이다. 전공 공부에만 매달려서 다양한 직업이 존재하는 대학 이후의 세상과의 연결고리에 대해서 제대로 고민하지 못한다. 그러한 연결고리는 대학 교육 과정에서 점선으로 작용하므로 눈에 보이지 않는다. 이러한 희미한 연결을 실선으로 부각하여 나타내고 실제로 취업 가능한 리스트를 작성하여 교생 실습하듯이 연결 가능한 직장에서 본인의 가능성을 실험해 봐야 한다.

---

33) 동아닷컴. http://bizn.donga.com/Main/3/all/20170504/84213878/2

그러나 실제 현실은 입시를 위한 교육과 현장과 동떨어진 대학교육으로 청년실업을 양산하고 있으며, 그러한 교육의 결과로 입사한 회사에서는 커다란 프로세스의 부품으로 일하다가 명예퇴직이나 정년을 맞이하게 된다. 중장년의 실업 문제에 대비하기 위해서는 회사에 다니는 동안 최대한 많은 것을 배울 수 있도록 해야 한다.

배우지 않았거나 경험하지 않은 것을 급하게 시도하다가는 골목 상권에서 단기간에 퇴출당하는 신세를 면할 수 없다. AI가 보편화된 세상에서는 개인의 자료를 가지고 퇴직 이후에 할 수 있는 것들의 사례를 추천받을 수 있을 것이다(그림 22-3). 그리고 구체적인 내용을 구현하는 것까지의 서비스를 더 한다면 새로운 비즈니스 모델이 될 수도 있겠다. AI가 제공하는 내용은 내부적으로 본다면 연관성 있는 직업들의 나열이다. 그리고 그 연관성은 여러 선배가 거쳐 간 성공과 실패의 자료를 학습해서 만든 자료의 지도이다. 이러한 내용은 고등학교에서부터 진행되어야 한다. 인생의 설계를 좀 더 일찍 하고, 실패도 일찍 경험해서 인생의 중반전에 가서는 안정적이고 퇴직 후의 일자리 걱정이 없도록 대비를 해야 할 것이다.

영업은 물건을 팔기 이전에 자신만의 브랜드를 파는 것이다. 그래야 취직도 하고, 성공도 하고, 중장년에 어김없이 찾아오는 제2의 실업 문제를 해결하는 능력도 가질 수 있다. **전공을 잠시 접어두고 영업으로 일정 기간 외도를 해보는 것도 값진 경험이다. 공부한 것과 경험한 것은 둘 다 본인을 위한 거름으로 미래를 대비하는 보험이다.** 개인들에게 영향을 미치는 요소들은 본인이 제일 잘 알고 있다. AI

가 도와줄 수도 있지만 스스로 터득한다면 누구보다 만족스러운 미래의 커리어를 가질 수 있다고 생각한다.

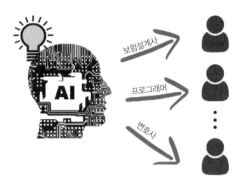

[그림 22-3] AI의 직업 추천

CHAPTER
023

퀴즈쇼와 힌트

ARTIFICIAL INTELLIGENCE

삐딱하게 바라본 4차 산업혁명 : 빅데이터

퀴즈쇼와 힌트

장학퀴즈, 골든벨, 1대100 등은 학생들이나 일반인들을 상대로 하는 우리나라의 TV 퀴즈 프로이다. 대개의 프로그램 포맷은 쉬운 문제에서 시작해서 난이도가 높은 문제로 진행되며 마지막에 남은 사람이 우승하게 되는 구조이다. 물론 최후의 생존자에게는 그만큼의 인센티브를 주며, 약간의 도박적인 요소도 가미한다. 추가 도전 기회를 주고 맞추면 두 배의 상금을 타거나 그렇지 않으면 전액을 잃을 수 있다. 사회자는 고도의 심리적인 압박을 이용해서 가능하면 마지막 생존자가 처절한 최후를 맞이하도록 자존심을 살살 건드린다. 시청률을 고려해야 하므로 최대한 재미를 이끌어낼 수 있는 방안이 구사된다. 아마추어 참가자들은 전문적인 진행자와 프로그램을 진행하는 수십 명의 스태프와 일대 다로 싸우고 있는 것이나 다름없어서 쉽게 계산해도 이길 승산은 아주 적다. 게다가 빠른 비트의 북소리와 긴장감 넘치는 사회자의 멘트에 본인은 제정신이 아니게 된다. 마지막 문제는 힌트도 주어지지 않는다.

여기서 힌트가 의미하고 있는 것에 주목해 볼 필요가 있다. 대부분의 한국 사람들이 익숙한 객관식하고는 다른 의미이다. 객관식은 정답을 포함한 헷갈리는 다른 오답들을 제공한다. 그러나 힌트는 정답으로 가는 길을 알려줄 뿐이다. 요즘은 인터넷에 정보가 매우 많아서 기억이 잘 나지 않는 정보를 찾을 때도 영악하게 힌트를 이용할 수 있다. 갑자기 영화 제목이 떠오르지 않을 때, '완전 범죄 영화'라는 주제어로 검색을 해보면 관련 영화들이 순식간에 나열되고 그중에서 내가 찾으려고 했던 영화를 고르기만 하면 된다. 수십 년간의 노력으로 거의 모든 정보가 인터넷상에서 간단한 연관어 검색으로 손쉽게 찾아볼 수 있게 되었다. 힌트는 문제와 정답 사이에 존재하며, 얼마나 정답에 가까우냐에 따라 힌트의 품질이 결정될 것이다. 때로는 큰 비용을 내고서라도 힌트를 사야 하는 경우도 있을 것이다.

힌트(Hint)에는 '붙잡다'라는 중세 영어의 의미가 있다고 한다. 흘러가는 말에서 무심코 정보를 얻거나 의도된 힌트도 있을 수 있다. 안테나는 나방의 더듬이를 보고 만들고, 일본의 화투는 서양의 카드를 보고 만든 것이다. 금융업무에서 비밀번호를 지정할 때에도 잊어버리는 경우를 가정해 스스로 기억하기 쉬운 힌트를 저장하라고 한다. 물론 그것마저 잊어버리는 경우가 허다하다. 이쯤 되면 힌트는 자연스럽게 데이터가 된다. 데이터를 설명해주는 메타데이터와 비슷하기도 하지만 좀 더 폭넓게 다가온다. 메타데이터는 이미 있는 데이터에 설명을 덧붙이는 것이라 왠지 건조하고 지루하다. 그에 반해 힌트는 데이터를 모르면서 찾아 들어가는 방향성을 가지고 있어서 힌트가 적중하는 경우의 짜릿함을 속성으로 가지고 있다.

그러한 짜릿함을 대중화한 것이 퀴즈쇼이다. 2011년 1월 미국의 퀴즈쇼 제오퍼디(Jeopardy)에 출전한 IBM의 인공지능인 왓슨(Watson)이 인간 경쟁자들을 물리치고 우승을 한 사건이 벌어졌다. 인공지능도 문제를 맞히기 위해서 힌트를 사용할까? 사람들은 인공지능 왓슨이 우승한 것만을 보려고 한다. 왓슨이 문제를 못 맞힌 적도 많다는 사실에 주목해 볼 필요가 있다. 그리고 틀린 답을 계속해서 내놓는 경우도 있었지만, 당시에 왓슨을 멈출 수가 없었다. 왓슨에게도 힌트는 작동할 것이다. 컴퓨터는 내부의 데이터를 빠른 속도로 검색하는 기기다. 힌트를 더한다면 더욱 빨리 답을 검색해 낼 수 있다. 그러나 스스로 힌트를 만들지는 못한다. 더욱이 내부에 없는 창조적인 답을 원한다면 왓슨은 더는 답을 내어놓지 못할 것이다. 이러한 영역도 인공지능의 미래 로드맵에는 그려져 있지만 길은 멀고 험할 것이다.

창의력이 있는 사람이나 창조적인 일을 하는 사람들은 궁극적인 목적을 추구하지만, 모습이 정해져 있지 않다. 그리고 항상 마음속에 여러 가지 궁금증들을 가지고 다닌다. 그러다가 어느 순간 우연히 실마리를 찾아서 작업에 몰두하곤 한다. 그들은 실마리를 찾으려고 보통사람들이 가지 않는 곳에 가거나, 어려운 연관성을 찾아 헤매거나, 여러 가지 가정들을 섞어보는 등의 다양한 방법들을 시도한다. 인공지능은 정답을 알거나 모른다. 인공지능이 모르는 답을 찾기 위해 위와 같이 인간이 하는 방법을 동원하지 않는다. 이론상으로는 스스로 발전하는 인공지능의 특이점[34]이 언젠가 올 것이라고 하지만 왓슨이나 알파고가 사람이 제공하는 데이터 없이 스스로 진화하기는 지금으로서는 어려운 일이다. 오리가 물속에서 발을 계속 움직이고 있듯이, 인공지능은 사람의 지식을 계속 축적하고 있다.

양질의 힌트는 동시에 여러 사람의 노력으로 만들어진다. 브레인스토밍 기법을 사용하면 힌트에 힌트가 더해져서 시너지가 발생하고 전략적 가치도 생겨난다. 이는 컴퓨터 여러 대가 동시에 작업을 해나가는 병렬 처리 방식이다. 좋은 힌트는 즉각적인 연상작용으로 요구되는 답을 찾아내게 하는 것이다. 반면에 나쁜 힌트는 어려운 문제를 수수께끼로 만들 뿐이다. 수학 수업에서 정답을 찾는 것보다 과정을 중요시하고 창의성을 기르게 하려면 정답보다는 힌트와 방법만 가르쳐주는 방식도 가능하리라 생각한다. 모든 학생이 동일한 수준의 수학 실력을 갖추는 목표는 이미 넘어선 것으로 보인다. 자기만의 창의적인 발상을 할 수 있는 학생이 한 명이라도 나오게 하려면 스스로 힌트를 발견하고 그것에서 다시 답을 찾아가는 독자적인 방법을 터득해야 한다. 학생들이 공부를 잘하지 못한다면 그것은 스스로 공부하지 않기 때문이며, 그 이유는 공부가 재미없기 때문이다. 공부에 힌트가 가진 짜릿한 속성을 가미한다면 공부하고 싶어 미치겠다는 학생이 나오지 않을까?

---

34) 특이점(singularity)은 인공지능이 비약적으로 발전해 인간의 지능을 뛰어넘는 기점이다. (출처: 한경 경제용어사전)

[그림 23-1] 브레인스토밍 기법과 창의성

　정치인도 경제인도 각자가 가지고 있는 케케 묵은 현안들을 타개하기 위해 힌트를 구해야 한다. 지구가 한번도 같은 자리에 있어 본 적이 없듯이 동일한 사회적 정치적 이슈라도 해법이 그때마다 다르다고 봐야 한다. 이것이 정답이라고 정해 놓고 가다가 사실이 아닌 경우를 많이 보아왔다. 힌트는 문제에서 해답까지 가는 과정에 놓여 있는 징검다리 같은 존재이다. 절차를 단단히 밟아가는 여정에는 결론이 가치를 가진다. 설혹 틀린 답이 나온다고 할지라도 교훈이 남는다. 힌트를 손에 쥔 자는 데이터를 가진 자이고 승리하는 자이다.

CHAPTER
024

IoT 주방

ARTIFICIAL INTELLIGENCE

IoT 주방

4차 산업혁명이니 IoT니 하는 용어들이 매체에서 워낙 자주 쓰여서 그런지 모든 국민들이 익숙한 용어가 되었다. 그러나 막상 일상생활 속에서는 어느 정도 피부로 느끼고 있는지, 또는 실제로 빠르게 변하는 첨단 기술의 혜택을 보고는 있는지 알기 어렵다. 첨단 기술은 일단 개발이 되고 나면 군대의 전투력 향상 같은 국가적인 시험 프로젝트에 먼저 사용이 되고, 기술이 어느 정도 보편화가 되면 일반 시민이 이용하는 단계에 이른다. 4차 산업혁명과 IoT는 데이터를 기반으로 모든 것이 연결된 상태를 뜻하는 것으로 봐도 좋겠다. 무전기를 예로 들어보자. 군대는 전투 중에 유선 전화를 사용할 수 없으므로 현재에도 무전기를 사용하는 수밖에 없다. 지금은 인공위성을 통한 무선 전화가 가능하게 되었지만 그래도 최후에 연결이 가능한 수단은 지금도 무전기이다. 이러한 무선 통신 기술이 이제는 모두의 손안에 들어와 있는 것이다. 데이터에 따라 이용 요금을 내고, 전화기 안으로 은행, 카메라, 동호회, 사전 등등의 엄청난 인류의 산물들이 들어와 있다.

　이러한 발전에도 불구하고 별도로 존재하는 편의기기들이 있다.

냉장고, 세탁기 같은 가전제품은 스마트폰과의 연결보다는 자체적인 존재감이 더 크다. 그러나 그들 역시 시대의 흐름에 대해 끊임없이 도전 중이다. 모 가전제품 회사의 마케팅 중역은 빅데이터 시대에 가전제품은 어떤 변화를 해야 하는지 고민 중이라고 했다. 냉장고에 컴퓨터와 모니터를 탑재해서 인공지능적인 상품을 출시하였다. 가격이 무려 천만 원이 넘으니 각각을 따로 산 것보다 비싼 느낌이다. 냉장고에 컴퓨터와 텔레비전을 넣는 데는 성공하였다. 그러나 역시 그러한 냉장고가 스마트폰에는 들어가지 않는다. 스마트폰에서는 냉장고 속에 있는 내용에 대한 데이터를 볼 수 있는 정도가 가능하다.

스마트 홈이라는 개념은 20년 전쯤에 이미 아파트 분양 홍보에 자주 쓰이던 문구이다. 결국 거실에 달려있는 전화기로 어디든 통화할 수 있다는 정도의 결과로 스마트 홈이라는 용어를 쓰기에는 민망한 부분이 있었다. 인터넷 주소의 개수가 거의 무한정으로 늘어나도 수용이 가능한 지금의 가정 실내를 한번 살펴보자. 과연 어떠한 가전제품들이 서로 연결되어 자료를 주고받고 있는가? 고장이 나기 전에 미리 신호를 주는가? 고객의 제품 사용에 대한 현황을 정리해서 알려주는가? 제작 회사와 자동으로 연결되어서 나도 모르는 문제를 먼저 통보해 주는가? 다른 가전제품의 연결한 상태를 조절할 수 있는가? 실제로 스마트 홈이라면 실제로 필요한 이러한 IoT 서비스가 가능해야 할 것이다. 이런 기술은 새로운 것도 아니며, 어렵지도 않다. 기기 내부에 있는 신호들을 데이터화 해서 사용자에게 보내주기만 하면 되는 것이다.

　대표적인 주방 제품인 세탁기와 냉장고는 신기술의 적용도 있겠지만, 사용자로서의 느낌은 용량 확대와 디자인, 그리고 잘 사용하지 않는 기능의 추가 등이 떠오른다. 어떻게든 경쟁에서 이겨야 하고, 소비자들의 눈길을 사로잡아야 하며, 회사의 실적을 극대화해야 하는 목표도 있으므로 순수하게 사용자 입장에서의 서비스 극대화를 하기 어려울 것이다. 그러나 이젠 냉장고도 커질 만큼 커졌고, 텔레비전도 안방극장이라 할 정도로 어마어마하게 크기가 크다. 이제는 현명하게 줄여야 할 때라고 생각해보면 어떨까? 이미 커진 주방용품에 익숙한 고객들을 어떻게 작은 제품으로 유도할 것인가? 제조업체의 스마트한 양심을 무기로 사용해야 한다. 냉장고의 사용 습관을 데이터로 제공해서 평상시에 냉장고를 조금만 사용하는 고객에게는 절전과 공간 활용의 이점이 있는 용량이 적은 냉장고로 추천해야 한다. 큰 냉장고 안이 꽉 차 있으니 더 큰 냉장고가 필요할 것 같지만 실은 있는지도 모르는 식품들이 자리만 차지하고 있는 경우가 허다하다. 냉장고가 스마트해진다면 적은 공간을 효율적으로 사용할 수 있을 것이다. 세탁기도 마찬가지다. 핵가족 시대에 점점 커지는 세탁기를 들여놓고 기분이 좋을 리 없다. 제조업체들은 적은 용량의 가전제품을 팔아서 실적이 줄어들 것 같지만 실제로는 그렇지 않을 것이다. 고객들에게 정직한 회사로 인식될 것이고 작은 용량과 큰 용량을 동시에 팔 수 있는 훌륭한 회사가 될 것이다.

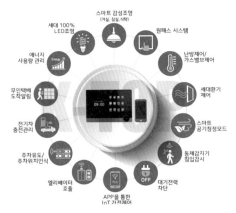

[그림 24-1] 스마트폰과 연결된 가전제품들

　주방은 거실과 붙어 있어서 공간 활용이 중요하다. 집의 실내공간
은 가구가 들어 있어야 하지만 가전제품이 세련된 디자인으로 가구
인 척하고 있다. 그러나 어디까지나 가구는 아니다. 전기를 먹고 일
정량의 소음이 있는 가전제품일 뿐이다. 가전제품인 이상 가능하면
작고 스마트해지는 것이 인지상정이다. 인공지능을 이용하여 사람
과의 감성적인 소통까지 요구되고 있는 시대에 아직 IT적인 연결도
미비 하다면 시대의 갭이 너무도 크다고 볼 수 있다. 이제는 거품이
있는 가전제품의 자리를 여유 공간으로 돌려야 할 때이다. 가전제품
과 가구와 사람이 최적의 역할을 할 수 있도록 하는 것에 다름 아닌
IoT가 있다.

　지금도 인공지능이라는 문구가 가전제품에 많이 사용되고 있지만
앞에서 설명한 바와 같이 대부분 과장 광고일 것이다. 4차 산업혁명
과 IoT의 정점이라 할 수 있는 인공지능이라는 수식어가 가전제품

에 붙어 있으려면 과연 어떠한 기능이 있어야 하는가? 나보다 먼저 고장을 인지하고 엔지니어가 전화 또는 방문을 한다. 생활 패턴에 따라 적정한 사이즈의 제품을 권유한다. 가전제품 내부의 상황을 사용자에게 정보로 제공하는 등의 IoT적인 서비스를 넘어서는 인간과의 교감이 있어야 한다. 냉장고의 보리차가 줄어들지 않는다면 적절한 수분 섭취를 위해 보리차를 권하고, 세탁기 내부에 건조된 빨래가 있다면 스마트폰에 통지를 해주어야 한다. 인간의 체온을 감지해서 문제가 되는 수준이라면 에어컨이나 선풍기는 저절로 작동을 조절하는 수준이 되어야 할 것이다. 이러한 수준의 서비스 마지막은 어떨 것인가는 확실히 알 수는 없겠지만 어느 정도까지 인간의 감성과 소통할 수 있는지가 관건이 될 것이다(그림 24-1).

수동적으로 디자인된 기능만을 제공하던 가전제품들이 바야흐로 내부의 데이터를 제공하고 주변과 유기적으로 연동하기 시작했으며, 더 나아가서는 주변의 기기나 인간에게 질문을 던지는 수준으로 진화하고 있다. 영화 트랜스포머에서처럼 가전 기기들도 서로 융합하고 변화 하면서 더욱 강력하고, 더욱 편리하고, 더욱 스마트한 기기로 변화할 것이다. 미래의 주방은 인간과 가전제품이 서로 소통하는 작은 단위의 세상이 될 것이며, 더욱더 많은 일을 동시에 수행하는 슈퍼 주부의 오프라인 일터가 될 것이다.

CHAPTER

025

남한산성

ARTIFICIAL INTELLIGENCE

삐딱하게 바라본 4차 산업혁명 : 빅데이터
남한산성

봄이 오는 길목에 등산을 겸해서 남한산성을 찾았다. 지도를 보니 등산로가 5개나 만들어져 있고 산성이 연결된 산봉우리도 족히 예닐곱은 되어 보인다. 전체를 둘러보자니 30km가 넘는 거리라서 운동 좀 한다고 하는 나로서도 하루에 둘러볼 수 없는 거리라 대충 둘러만 보았다. 대신 사람들이 많이 다니는 성 안쪽보다는 길이 다소 험한 성의 바깥쪽으로 길을 잡았다. 최근의 역사적인 발견에 의하면 남한산성에 대한 상식은 상당히 바뀌어야 할 것 같다. 백제 온조왕 때의 도성이었다는 주장과 신라 문무왕 때 쌓은 주장성이 지금의 남한산성이라는 주장도 발굴의 근거와 함께 강력하게 떠오르고 있다. 그 지역이 삼한이 세력을 다투던 중심에 있었으니 설명하기 어려운 다양한 역사의 흔적들이 섞여 있는 것은 당연한 사실이다.

남한산 서쪽 부근에 이르면 산성이 무너진 채로 방치된 구간이 나온다. 역설적으로 이 구간에 들어서니 옛 향기가 나는 듯한 묘한 기분이 들었다. 돌담은 높낮이가 다르고 부서진 돌 조각들이 널려있지만 어쩐지 타임머신을 타고 병자호란의 현장에 와있는 기분이 든다. 인조를 호위하고 있던 군사들은 후금의 군사들과 대치해서 크고 작은 전투를 치렀을 것이다. 그러는 과정에서 어느 부분의 성곽은 무너지고 그곳의 군사들은 처절한 최후를 맞이했을 것이다. 또한 내가 서 있던 바로 그곳이 여러 조상들이 목숨을 바친 곳일 것이다. 이러한 내용이 이곳을 방문하는 사람들에게는 전해지고 있지 않다. 곳곳에 건물들을 소개하는 간단한 표지판만 있을 뿐이다.

[그림 25-1] 수어장대

대부분의 방문객이 남한산성에 와서는 제일 높은 곳에 있는 수어장대를 돌아본다. 수어장대([그림 25-1])는 장군이 휘하병력을 지휘하던 곳이라는 역사적 설명이 되어 있다. 너무 많은 인원이 방문해서 그런지 길도 잘 닦여있고 성곽도 잘 수리되어 있다. 내가 삐딱해서인지 몰라도 수리된 성곽과 원래의 성곽의 차이가 너무 난다는 것이

눈에 확 들어왔다. 마치 현대의 신공법으로 고대의 산성을 지은 것 같은 느낌이다. 그나마도 덧붙인 부분도 떨어져 나가서 엉성하기 짝이 없었다. 수어장대의 둘레에는 개구멍 같은 것들이 있는데 진짜로 개구멍인지 아니면 물이 빠지는 구멍인지 알 길이 없다. 전시에는 그 구멍도 어떠한 유용한 역할이 있었을지도 모르는 일이다. 비밀통로인 암문은 어째서 비밀통로인지 문이 작다는 것 말고는 알 수 없었다. 산성을 보거나 만지면 과거의 느낌이 들어와야 하는데 여러 가지로 안타까운 느낌을 막을 수가 없다.

남한산성은 2014년에 유네스코에 세계문화유산으로 지정되어 역사적 가치를 인정받았다[그림 25-2]. 그렇게 하기까지 관련된 분들의 노고가 많았을 것이다. 그러나 그다음부터도 중요하다. 지하철이 산성 근처까지 뚫리고 산성 중앙까지 도로가 연결되어 있으며, 그 길을 따라 수많은 음식점이 들어서 있다. 현대와 공존하는 역사적 유물은 최대한 그 당시의 모양과 색을 살리는 것이 중요하다고 생각한다. 그것이 점점 벌어지는 시간의 차이를 느낄 수 있는 하드웨어적인 접근이다. 방법은 간단하다. 전부가 소실된 것이 아니므로 최소한의 부분만을 가지고도 똑같은 전체를 만들어 낼 수 있다. 21세기에 살아가면서 20세기에나 할 법한 역사 복원 현장을 본다는 것은 슬픈 현실이 아닐 수 없다.

[그림 25-2] 우리나라 유네스코 세계유산 등재 현황

보이는 부분에 대한 아쉬움과 마찬가지로 보이지 않는 부분에 대한 섬세함이 연결된다면 이는 컴퓨터의 소프트웨어 기능처럼 가치를 높이는 일일 것이다. 삼국시대의 성벽과 조선시대의 성벽이 닿아 있는 곳에 사람들이 알아볼 수 있도록 표시를 해주면 시공을 초월한 느낌을 줄 수 있다. 비밀통로인 암문을 지나면 전체적인 내용에 어긋나지 않는 선에서 뭔가 비밀스러운 것이 나오도록 호기심을 충족할 만한 것을 배치해 준다면 모든 암문은 한 번씩 들어가 보고 싶은 문이 될 수 있다. 또한 시구문을 지나서 납골당이 나오게 배치한다

면 과거의 역사적 사실이 지금도 이어진다는 설명도 가능할 것이다. 하다못해 중간중간에 막걸리를 파는 상인은 주막으로라도 변신한다면 좋겠다는 생각이다. 한국적인 것이 너무나 부족하다.

소설 〈남한산성(김훈, 2007)〉은 청나라의 대군에 밀려 피신한 인조와 그를 둘러싼 대신들 간의 갈등을 작가 특유의 날카로운 언어로 묘사해냈다. 풍전등화의 상황에서도 정치인들은 주전파와 주화파로 나뉘어 서로의 대립을 멈추지 않았다. 결국 임금이 서문으로 나가서 청나라 황제에게 땅에 머리를 세 번 닿는 큰절을 올리는 수모를 겪는 것으로 마무리된다. 훗날 김훈은 "실천 불가능한 주전파의 정의와 실천 가능한 주화파의 수모"라는 말로 당시의 당쟁을 표현하였다. 또한 역사적인 내용을 설명하고 소설적인 재미를 가미하고자 가공의 인물들이 등장했는데, 이는 소설가의 권리이다. 좀 더 크게 보면 우리나라의 문화를 우리식으로 해석해서 보여주는 것은 우리의 권리이다. 이러한 콘텐츠를 여름 밤에 영화로 남한산성에서 볼 수 있다면 얼마나 좋을까? 외국인들에겐 통역이 되는 이어폰을 주면 된다. 현재 벌어지고 있는 한국과 중국의 관계도 역사 속에서 다시 한번 돌아볼 계기가 될 것이다.

역사적 가치가 숨 쉬고 있는 유적들은 생각보다 많은 이야기가 숨어 있다. 산성이 만들어질 때의 숨결을 느끼려면 같은 방법으로 복원하려고 노력해야 한다. 무너진 산성은 무너진 스토리를 재생해 내려는 노력이 필요하다. 어딘가에 기록되어 있을 것이고 찾아내야 한다. 그뿐만이 아니라 시간이 지남에 따라 그곳에서 일어난 일들에 대한 것들이 함께 어우러져서 보여야 한다. 남한산성 행궁의 임금이 앉았던 자리 뒤에는 어김없이 일월오봉도 병풍이 쳐 있다. 누가 그렸는지 어떠한 의미인지 아는 이는 별로 없을 것이다. 임금의 장수를 바라는 그 그림은 남한산성에서의 기원이 어느 때보다도 절절했을 것인데도 말이다.

잠겨있는 수어장대의 2층과 입구의 작은 문들도 모두 개방하고, 역사적 고증과 데이터에 의한 서비스를 확대하여 돈을 좀 더 내고서라도 볼 가치가 있는 곳으로 만들었으면 한다. 그렇게 하기 위해서는 지금까지 앞만 보고 달리느라 미루어왔던 것들에 대한 정리와 역사적 데이터를 보여주기 위한 전략적 틀을 수립해야 한다. 백 년이 걸리더라도 중국이 가지고 있는 만리장성보다 더욱더 가보고 싶은 명소가 되길 기원해 본다.

IT CEO가 말하는 4차 산업혁명의 현재와 미래

삐딱하게 바라본
4차 산업혁명

IT와 빅데이터

1판 1쇄 발행 | 2019년 2월 15일
저 자 | 김동철
발행인 | 김길수
발행처 | 영진닷컴
주 소 | (우)08505 서울시 금천구 가산디지털2로 123
월드메르디앙 벤처센터 2차 10층 1016호
등 록 | 2007. 4. 27. 제16-4189호

ISBN | 978-89-314-5976-0

http://www.youngjin.com

YoungJin.com **Y.**
영진닷컴